Komplett Gänsehaut *Sophie Passmann*

Komplett Gänsehaut

Sophie Passmann

Kiepenheuer & Witsch

Do not whine
Do not complain
Work harder
Spend more time alone

Joan Didion

PROLOG Also: Ich halte es für überbewertet, mit siebenundzwanzig zu sterben. Ich denke, Jimi Hendrix und Janis Joplin haben da wirklich einen Fehler gemacht. Mit siebenundzwanzig fängt alles erst an, die ganze Jugend ergibt erst Sinn, wenn man lang genug durchhält, um sie hinter sich gebracht zu haben. Im Nachhinein von allem erzählen, das ist doch das eigentlich Geile. Dann ist alles nur noch Anekdote und Nostalgie und nicht Weltschmerz und Anstrengung.

Jimi Hendrix hatte einen Lebenstraum, er wollte eine Art universelle Sprache der Musik erfinden. Er ist gestorben, bevor er sich diesen Traum erfüllen konnte. Er ist gestorben, bevor er erkennen konnte, dass diese Idee vor allem keck klingt, aber nicht umsetzbar ist, so wie luxuriöses Camping oder deutscher Antifaschismus. Jimi Hendrix ist mit siebenundzwanzig Jahren gestorben, herrje, natürlich blieb sein Lebenstraum unerfüllt, er hat es vermutlich nicht mal geschafft, einmal im Leben ordentlich seine Steuererklärung zu machen und festzustellen, dass es eine finanzielle Verlustrechnung ist, eine Gitarre pro Konzert zu verbrennen. Janis Joplin hat bis heute eine

Karriere als Konterfei in *Hard Rock Cafes,* das muss ja wirklich jeder selbst wissen, es gibt jedenfalls diese Geschichte über sie, wie sie auf der After-Show-Party ihres eigenen Konzerts im Central Park in New York traurig war, weil irgendein Kerl nicht mit ihr nach Hause gehen wollte. Sie soll dann später am Abend Patti Smith auf einem Hotelzimmer vollgejammert haben, was man sich wie eine Szene vorstellen kann, bei der man nicht unbedingt dabei gewesen sein will, Joplin jedenfalls: sehr aufgelöst, dass sie keinen Erfolg bei Männern hat, *another night alone,* soll sie zu Smith gesagt haben, und wie absolut kacke müssen die Zwanziger sein, dass man ein Konzert im Central Park gibt und danach traurig auf einem Hotelzimmer liegt, weil irgendein Kerl einem nicht unters Shirt wollte, es *muss* doch besser als das werden, siebenundzwanzig darf auf keinen Fall das Ende sein. Mit siebenundzwanzig ist jeder Haarschnitt immer noch nur eine Phase. Ganz langsam macht sich die Einsicht breit, dass man nicht sein ganzes Leben lang die Möglichkeit haben wird, sich für Zeug, das man tut, im Nachhinein zu schämen, irgendwann ist man richtig erwachsen, und dann endet die Ära, in der man sich später noch lustig entschuldigen darf für Dinge, die man getan hat, für T-Shirts und Beziehungen und witzige Piercings, die man zum Ende des Studiums einfach für eine hochemotionale Idee hielt, man steht so auf der Kippe zum richtigen Erwachsenensein, in den ersten Jahren nach der Volljährigkeit war das noch eine niedliche Pose, nicht zu wissen, wie man einen Ölwechsel macht oder eine Hühnersuppe, langsam ist es nur noch albern, die Leute lassen einen das spüren, langsam sollte man mal Verantwortung übernehmen für dieses lächerliche Leben, das man sich da im Laufe der letzten Jahre zusammengeklöppelt hat, für die Wohnungen, die man bezieht, die Straßen, durch die man fährt, und die Städte, die man hasst, irgendwann darf man nicht mehr einfach nicht kochen können und selbst gedrehte Zigaretten als Kern des eigenen Charakters ausgeben, da muss mehr kommen, und das, was da ist, muss dann auch hinterfragt und verteidigt werden, es wird ja ohnehin wahnsinnig viel hinterfragt, und das hat dann auch sicher seine Richtigkeit, und deswegen kommt irgendwann zwangsweise der Moment, in dem man entscheidet, dass jetzt auch mal gut ist, dann bezieht man mit großer Ernsthaftigkeit eine Wohnung und richtet sie ein, lernt, was das Wort *toxisch* auf Menschen bezogen bedeutet, und sortiert ein paar Freunde aus, hängt Bilder auf und sagt Partys ab, und dann fühlt sich alles an wie der Abend nach einer Beerdigung, wenn alle Gäste gegangen sind und es zum ersten Mal seit langer Zeit ruhig wird und man mit komischen Gefühlen alleine ist und sich denkt, *ah, achso, scheiße.* Dann fängt es an. Nicht das Leben, sondern viel eher, so zu tun, als wüsste man, was das Leben ist, so lange bis es einem passiert, sehr wissend nicken während Trennungen und Umzügen und Toden und Geburten, klar, so haben wir das immer schon gemacht. Das klingt alles anstrengend, es wird aber sicher super gewesen sein. So im Nachhinein betrachtet.

Erwachsene Menschen reden über ihre Jugend, als sei es dieses schillernde Ding gewesen, als wäre danach nichts Tolleres gekommen, *Dir steht die ganze Welt offen,* sagen sie, und das stimmt natürlich, aber es ist eben auch wahr, dass kein Mensch, der einigermaßen alle Gefühle beieinander hat, ernsthaft möchte, dass ihm die ganze Welt offensteht. Das scheinen Erwachsene zu vergessen, diese Hektik, diesen Stress, denn die scheiß Welt steht ja nicht einfach offen, sie drängt sich auf, später erzählt ist das sicher aufregend, wenn es gerade passiert, aber einfach nur irre anstrengend. Um irgendwann einer von den Erwachsenen werden zu können, der nostalgisch verklärt, wie Jungsein war, muss man Jungsein erst mal hassen und anfangen, die Welt zu zwingen, endlich nicht mehr offenzustehen, *halt dein Maul, Welt, lass mich in Ruhe Döner essen,* und dann sortiert man Stück für Stück die Sachen aus, die man nicht haben will, so lange, bis nur das bleibt, was man vielleicht nicht braucht, dessen Existenz man aber zumindest rechtfertigen kann, natürlich ist das lästig, herrje, alles ist lästig, das Machen, vor allem aber das Nichtmachen, das sagen die Alten einem ja ständig, und man kann so gut wegignorieren, dass sie leider recht haben. Nichtmachen ist die Hölle, deswegen steht man in seinen Zwanzigern so entsetzlich betriebsam in der Gegend rum, als gäbe es auch nur einen einzigen wichtigen Brief, der einen in diesem Kalenderjahr noch erreicht, jedenfalls zwingt man die Welt, endlich nicht mehr so unerträglich offen zu sein, und zwar tut man das mit Methode. Diese spezielle Form von Weltschmerz, diese empirisch sich aufdrängende Arroganz, zu glauben, dass man überall hinkönnte, wenn man nur wollte, die ist ja nicht bei allen jungen Leuten da, das ist das große Generationenmissverständnis, diese große Erzählung von den jungen Leuten, wie sie absichtlich ihre Turnschuhe kaputt laufen und sich verklemmt aufgeregt durch die Welt schleppen, in Wahrheit ist das nur ein Gefühl, das höchstens eine Handvoll junger Leute in jeder Generation wirklich verkörpern, das sind diese entsetzlich deutschen Vorstadtkinder mit ihren Tupperdosen voller Gurkenscheiben, die ganze scheiß Kindheit eine einzige abgeschnittene Brotkruste, wer so groß wird, empfindet den *Tatort* natürlich als krass, und diese Deutschen, die haben den Weltschmerz, und auf diese Deutschen wird natürlich gehört, und sie sind wichtig, und diese Deutschen tun alles mit brutaler Methode, so wie man das immer schon gemacht hat, es bietet sich also Folgendes an: Man geht vom Kleinsten zum Größten. Man betreibt einmal Inventur im ganzen Leben, man fängt bei sich zu Hause an, auf dem beschissenen Parkett in der ekelhaft hellen Altbauwohnung, geht weiter in die beschämend schöne Straße, und zuletzt guckt man auf die Stadt, in der man natürlich aus Absicht wohnt, das guckt man sich alles an, entscheidet, was davon dableiben darf, man zählt alles einmal durch und sucht Begründungen für die Anwesenheit von Designerstühlen und Erbschuld, nach dem Grund für das Ende von Mietverträgen und Lieben, das kann man also dann alles erklären und rechtfertigen, zumindest kann man so tun, zumindest kann man endlich mal wieder über sich selbst nachdenken, und dann steht die scheiß Welt nicht mehr offen, und dann ist endlich Ruhe.

Wäre das hier eine gute Geschichte, würde all dieser Kram passieren, der im echten Leben immer höchstens fast passiert. Ich würde immer mal wieder rauchend an Bars stehen, dabei sehr jung aussehen, bestimmt würde auch an Seen gestanden und auf Bürgersteigen gesessen, an irgendeinem Punkt würde ich mit einer halben Flasche Grauburgunder durch meinen komplett bescheuerten Stadtteil laufen, die

Herleitung dieser, na ja, sagen wir mal Anekdote, wäre natürlich frech und ein wenig absurd, so wie das Leben mit siebenundzwanzig eben frech und absurd zu sein hat, was für eine Scheiße.

Es wäre alles deutlich einfacher, wenn die Geschichten, die junge Leute angeblich erleben, nicht immer so irre einfühlsam wären, so voller Erkenntnis in Elternhäusern und Liebeskummer auf Autobahnen, Großwerden ist meistens langweilig, oft stößt man sich an Tischkanten oder steht im Supermarkt und weiß nicht, ob es sich wirklich lohnt, den teuren Risottoreis zu kaufen, oder ob es nicht doch niemand merkt, wenn man wie immer Milchreis nimmt. Währenddessen fühlt man sich kein bisschen so, wie Jugend in Filmen immer aussieht, man denkt auch daran, dass die einzige Gewissheit, die man hat, die ist, dass die Leben von den Leuten, die so irre spannend im Internet aussehen, die nämlich, die Fotos posten von sich vor geschlossenen Bars, man weiß, dass deren Leben langweiliger und dümmer und vor allem ungeputzter sind als das eigene. Man weiß das. Und trotzdem bleibt an der Supermarktkasse dann so ein furchtbarer Restzweifel an sich selbst, genährt durch die Erkenntnis, dass die anderen Leute sich am Ende für den echten Risottoreis entschieden haben und einfach zu jeder Tageszeit elegante Menschen sind, selbst wenn niemand zuguckt. Wenn man siebenundzwanzig ist, wollen einem erwachsene Menschen brachial vermitteln, dass man gerade die Zeit seines Lebens haben sollte, aber die meiste Zeit meines Lebens verbringe ich damit, nicht zu wissen, was ich auf *Netflix* gucken soll.

DIE WOHNUNG In Filmen wird ja behauptet, dass es wichtig sei zu erklären, *was bisher geschah,* also vor dem Moment, an dem eine Geschichte anfängt, *ihr fragt euch sicher, wie es dazu kam,* sagt die Hauptfigur dann, in diesem Fall hier ist es allerdings völlig egal, was gestern passiert ist und an den Tagen davor, *wie es dazu kam,* wäre am Ende nur eine Nacherzählung meines bisherigen Lebens, und dafür bin ich zu jung, und dafür war mein Leben zu langweilig, bestimmt stand ich schon mal irgendwo rum, und bestimmt war ich schon mal auf einer Party, die anders lief als gedacht, alles im Rahmen, alles im Lauf.

Das Wetter in meinem bisherigen Leben war durchwachsen, viel durchwachsener wohl als das Wetter im Leben von alten Leuten, denn auch wenn so ein kollektives Lebensgefühl-Narrativ von Nachkriegsdeutschen behaupten darf, *wir,* also junge Leute, würden weder richtigen Sommer noch bitterkalten Winter kennen, wird das Wetter insgesamt ja immer durchwachsener, und ja, das ist der Moment, in dem ein überambitionierter Meteorologie-Jonas darauf hinweisen könnte, dass es eigentlich nicht das *Wetter,* sondern *das Klima* sei, das sich ändert. Ich weiß das.

Ich weiß die meisten Sachen, ich lege aber selten Wert darauf.

In diesem Moment sitze ich auf dem Boden meines Wohnzimmers und trinke lauwarmes Sprudelwasser aus einer 1,5-Liter-PET-Flasche von Aldi, ja, *das Wasser der armen Leute,* das in Plastik eingeschweißt zu sechst verkauft wird und neunzehn Cent pro Flasche kostet, ich schlage die Spitzen meiner Schuhe gegeneinander, ich höre immer dieselben zwanzig Sekunden desselben Songs, ich will nicht drei Minuten und dreißig Sekunden warten, skippe rechtzeitig zurück, weil ich doch nur wegen dieser einen Stelle da bin, ungefähr so, wie man manchmal glaubt, nur wegen der drei Wochen Jahresurlaubs zu leben. Ich wohne jetzt in einem neuen Kiez, so nennt man seinen Stadtteil, wenn man den Nationalsozialismus noch nicht überwunden hat, dazu später mehr, vielleicht, und auch das klingt schon zu absichtlich, zu sehr wie der Beginn einer Geschichte, dabei wird das hier keine Geschichte, wirklich nicht, es ist eher Zufall, dass das alles hier beginnt. Irgendwann beschließt man, endlich ein richtiger Mensch zu werden, man geht einmal samstags auf den Markt und will einer von diesen Leuten sein, die das immer machen, einer dieser Menschen, die am Wochenende schön mal ein Stück Lammfleisch schmoren oder einen Stamm-Italiener haben, man kommt garantiert an diesen Punkt, mit einer Mischung aus deutscher Kleinbürgerlichkeit und einem Amtsgerichtsstolz will man es jetzt durchziehen, genau da befinde ich mich gerade, zwar ohne Wochenmarktbesuch und Lammschulter im Ofen bei Niedrigtemperatur, aber dafür ist diese Wohnung hier leer und damit voller neuer Möglichkeiten. Ich könnte jetzt also einer dieser Menschen werden, die bei *eBay-Kleinanzeigen* Art-déco-Möbel kaufen oder Sukkulenten züchten, ich könnte so tun, als hätte ich das immer schon gemacht, das ist ein offenes Geheimnis unter Leuten in meinem Alter, dass wir Dinge sehr plötzlich beginnen und dennoch so tun, als hätten wir das immer schon so gemacht, ich könnte also jetzt in diesem Moment in dieser leeren Wohnung entscheiden, ein Mensch werden zu wollen, der verschiedene Koriandersorten anbaut, und wenn mich die ersten Menschen besuchen kommen, sage ich, *du, das habe ich immer schon gemacht.*

Leute sagen oft, soundso viele Umzüge seien wie ein Hausbrand, sie sagen das irgendwie mahnend, als würde ihr schönes Zeug verloren gehen im Zuge des Wohnortwechsels, das Emaille-Sieb, das aggressiv pittoresk an der Wand hängt, das so eine Blut-und-Boden-Hausfraulichkeit ausstrahlt, irgendein signiertes Buch von irgendeiner Lesung, zu der man aus irgendeinem Grund gegangen ist, ein besonderer Brief, sie sagen das, als wäre es etwas Schlechtes, im Laufe des Lebens Krempel zu verlieren, mir kommt es allerdings gerade eher wie ein Versprechen vor: im Zweifel bei jedem Umzug sicherheitshalber das ganze Haus abbrennen, wirklich nur die Dinge mitnehmen, auf die man auf keinen Fall verzichten kann, den Rest in unendlich vielen Kellern von mehr oder weniger Blutsverwandten unterstellen, Sideboards bei Exmännern lassen, Möbel ghosten, bis niemand mehr weiß, wem sie gehören, den Sperrmüll mit dem Hinweis *zu verschenken* irgendwo in die Großstadt stellen. Dann zählt man das Zeug, das übrig geblieben ist, und fragt sich, was der neue Mensch, der man ja jetzt geworden ist, in diese leeren Ecken in dieser neuen Wohnung stellen würde, denn im Grunde geht es dabei, ein neuer Mensch zu werden, immer eher um das Zeug, das fehlt, als um das Zeug, das man hat, meistens fehlt ein schöner Beistelltisch für die scheiß leere Ecke in der scheiß leeren Wohnung, das richtige Airbnb für das lange Wochenende in Porto, das richtige Tonic zu diesem guten Gin, den man geschenkt bekommen hat, für das Gefühl, dass etwas fehlt, hört man erst auf, sich zu schämen, wenn man insgeheim im Glauben groß geworden ist, dass es eine Lücke gibt, deren Füllung das Leben einem noch schuldig ist, klar, das könnte jetzt gut und gerne Kapitalismus-Kritik werden, das

Nichtkaufen ist ja viel absichtlicher und anstrengender als das Kaufen und so weiter, im Grunde geht es aber viel mehr um Kindergeburtstage. Das ganze verdammte Leben lang spricht man von den tollen Kindergeburtstagen, an denen der eigene Vater für alle Freunde gegrillt hat, dabei denkt man in Wahrheit ja immer nur an den einen, an dem er nicht da war, weil er länger arbeiten musste. Es geht immer um das, was fehlt, alles andere haben wir immer da. Es geht auch viel mehr um die Dinge, die man nicht mehr macht, als um die Dinge, die man sich gerade erst angewöhnt hat. Ich koche zum Beispiel kein Risotto mehr. Ich war früher so ein Mensch, der mit dem Partner nach Feierabend Risotto gemacht hat, was nichts anderes bedeutet, als in einer Altbauwohnung Italien spielen, es ist quasi Bildungsbürgertum-Cosplay, Menschen rühren so lange in Reis herum, bis sie glauben, sich wieder zu spüren, dabei hört man diese *Spotify*-Playlists, die fast schon beklemmend genau ein Lebensgefühl im Titel tragen, das man gerne hätte, ich mache mittlerweile kein Risotto mehr, und den Partner gibt es, relativ gesprochen, auch nicht mehr, weil ich an einem dieser Risotto-Abende despektierlich über die Beatles gesprochen habe, irgendwann liefen nämlich die Beatles, und ich seufzte beim Risottorühren laut, ich sagte wirklich: *Hach, man darf die Beatles auch einfach nicht überbewerten*, woraufhin wir uns fürchterlich stritten, noch bevor wir den Parmesan *beigeben* konnten, ging es um Respekt und Wertschätzung und all solche Themen, im Nachhinein betrachtet hätte die Tatsache, dass wir an diesem Abend nicht mal mehr den Friséesalat mit Orangenfilets zubereiteten – wir hatten das Rezept wie so Arschlöcher aus dem *SZ-Magazin* abfotografiert –, mich wissen lassen müssen, dass das alles nicht gut gehen konnte. An diesem Abend streute er keine Kräuter auf das fertige Risotto, normalerweise machte er das und sagte: *für die Farbe*. Wir saßen oft am Küchentisch, er machte immer diese eine Sache mit seinen Haaren, die ich hier beschreiben könnte, die aber nur für mich besonders wäre. Wir fuhren auch ab und zu mal ans Wasser, das war nicht immer besonders, wir hatten diesen einen Song und diese eine besondere Art, dieses eine Wort zu betonen, wir platzierten es manchmal heimlich in Gesprächen mit anderen und warfen uns dann Blicke zu, die die anderen nicht verstanden, ganz schön arrogant, so im Nachhinein betrachtet.

Liebeskummer ist das emotionale Äquivalent zu einem verlängerten Wochenende in Zürich, extrem teuer und am Ende den Aufwand nicht wert, man sieht sich ja so schnell satt an blauen Seen wie man von interessanten Emotionen genug hat, ich werde nicht über gemeinsame Erlebnisse sprechen, über schöne Erinnerungen, hier wird nicht geschwelgt, auf keinen Fall, ich habe nicht vor, nachdenklich auf Bürgersteigen zu sitzen und mir von interessierten Passanten Zigaretten anbieten zu lassen, die ich dann natürlich einfühlsam und distanziert beschreiben würde. Sie alle, die Passanten, hätten gute Hosen und Pullover mit ironischen Drucken an, sie mögen diese eine Platte von Mumford & Sons ganz gerne, würden es heute aber nicht mehr zugeben, niemand von denen trinkt gerne Bier, es schmeckt einfach komisch bitter, wenn sie auf der Straße zufällig Bekannte treffen, beenden sie den Small Talk mit einer Telefonhörergeste und dem Satz *Wir sprechen, ja?*, wir kennen die ja alle, wieso sollte man das aufschreiben. Egal. Das auf alle Fälle ist, was bisher geschah.

Die Leute, die das mit der Anzahl der Umzüge und den Bränden sagen, legen auch besonderen Wert auf die erste Nacht in einer neuen Wohnung, irgendwas mit Träumen und Wünschen, die wahr werden. Die erste Nacht ist auch die beste, weil dann der ganze Krempel, der einen erst zu der Person macht, die man selbst ist und die auch jede andere Person ist, die da herkommt, wo man selbst herkommt, noch nicht in den Räumen aufgebahrt ist, das Instrument, das man früher mal gespielt hat nämlich, die eine Monstera auf dem Hocker, eine Fotografie von Helmut Newton, diese Tischuntersetzer für nette Abendessen mit

Freunden, bei denen immer irgendjemand aggressiv Auberginen im Ofen röstet, als hinge sein Leben davon ab, das Lammfell von IKEA auf der Holzbank an der Wand in der Küche, wo man sich dann hinkuscheln kann, wenn man denn will, der Aschenbecher, der eigentlich ein umgedrehter Terrakotta-Blumentopf ist, in dem die nachdenklichen Frauen und die Typen mit Macher-Mentalität im Laufe einiger Jahre Freundschaft ihre NILs ausdrücken können, das Poster von *Pulp Fiction* im Bad und die Postkarte von Monty Python am Kühlschrank. In der ersten Nacht hat man eine Matratze auf dem Boden, und zwar eine *ordentliche*, weil man sich mittlerweile für Rückengesundheit interessiert, man kennt jetzt auch das Wort Schlafhygiene, *Schlafhygiene ist ja so wichtig*, sagt man dann, ehe man merkt, wo man da reingerät, nämlich in eine Imitation von Bürgerlichkeit, man versucht, mit dem Gewicht des Oberkörpers im Fachgeschäft die Festigkeit einer Matratze zu testen, alles mit ultraernstem Gesichtsausdruck, damit niemand in dem Laden auf die Idee kommen könnte, dass man gerade prüft, wie sextauglich die Matratze ist, deswegen, wegen dieser offensichtlichen Peinlichkeit des Menschen nämlich, tragen Matratzenläden auch ihre Verzweiflung so offen vor sich her, immer in Eckgeschäften am Ende der Einkaufsstraßen, mit ambitionierten Luftballon-Ketten an der Fassade, die wirklich nur mit viel gutem Willen als kreativ durchgehen. Die Feierlichkeit, die diese Aufmachung ausstrahlen soll, erinnert an irgendein Jahrzehnt, in dem Frauen noch fleischfarbene Büstenhalter trugen, als sich der Kauf einer anständigen Matratze noch wie ein Investment anfühlte oder wie ein Akt, der nach BRD-Noir-Maßstäben an *selfcare* grenzte.

Wenigstens ist das Wort geblieben. Härtegrad. In der ersten Nacht in so einer Wohnung liegt also die Matratze da, der Rest des Schlafzimmers ist noch nicht entschieden, vielleicht wird man jetzt doch endlich ein Mensch, der seine Klamotten an einer Kleiderstange aufhängt, das wäre auch der perfekte Anlass, um mal auszusortieren, *wer braucht schon drei schwarze Pullover,* sagt man, völlig fassungslos angesichts des Überflusses, der einem wirklich erst auffällt, wenn man Pullover durchzählt. Die Matratze auf dem Boden gibt einem so ein Gefühl von Minimalismus, *brauche ich wirklich ein Bett,* denkt man sich dann, und wenn man dann nicht aufpasst und sich zusammenreißt und schnell in den Möbelladen huscht, läuft man Gefahr, eines dieser ganz besonderen Pflänzchen zu werden, das nur Europaletten unter die Matratze legt und das dann Lebensgefühl nennt, Matratzen auf Europaletten, das machen sonst nur Männer, die erst mal sehr wenig sagen beim ersten Treffen, in der Hoffnung, geheimnisvoll und nachdenklich zu wirken, aber später reden sie dann doch viel zu viel, von ihrem Wahnsinnssommer damals in Tel Aviv und wieso Hermann Hesse immer noch ihr Lieblingsautor sei, sie würden gern Ede heißen. Etwas sanfter beschissen sind die, die ihre Betten selbst bauen, meistens meint das das brutal pragmatische Zusammenschrauben von Spanplatten aus dem Baumarkt, das ist Männlichkeit, die sich als Nachhaltigkeit ausgibt, in diesen Schlafzimmern gibt es Frotteebettwäsche, die so eine besondere Muttersöhnchen-Textur bekommen hat, weil der Stoff die ersten zehn Jahre im Elternhaus mit Weichspüler, dann nach dem Auszug nur noch so gewaschen wurde, wie Menschen ihre Wäsche waschen, die eine Weichspülerkindheit hatten, man muss erst lernen, dass nicht automatisch alles weich ist, was man anfasst, es ist keine Zauberei, es ist nur Bürgerlichkeit. Diese falschen Naturburschen, die nicht wissen, dass man Waschmaschinen auch entkalken kann, geraten früher oder später an eines der Dekokissen-Mädchen, es ist wie bei nahezu jeder heterosexuellen Beziehung so, dass der Junge das Mädchen nicht verdient hat, das Schlafzimmer des Dekokissen-Mädchens riecht nämlich nach Sandelholz, *bless her heart,* das Bett ist aus weißem Metall, an den Wänden hängen Stofftücher mit bunten Mustern, und gerade weil diese Schlafzimmer so eine beklemmende Kindlichkeit ausstrahlen, fühlt sich das

Wissen, dass in diesem Raum, in diesem Bett, auf diesen Kuschelkissen und neben diesen weißen Kommoden mit Lichterketten an den Vintageknäufen, dass da wirklich Sex passiert, fast an wie Mittäterwissen. Über all das denke ich seit letzter Woche nach, seit ich in einem Fachgeschäft auf einem Boxspringbett saß und nicht wusste, wohin mit mir.

Es stellt sich eine gewisse Bedrückung ein im Leben eines jungen Menschen, wenn man erst mal festgestellt hat, dass es zu nahezu jedem Gegenstand, den man um sich herum hat, einen frechen Sinnspruch im Internet gibt. Es gibt da diesen Instagramsatz, *If you go home with somebody and they don't have books, don't sleep with them,* das klingt natürlich wild, bei dieser Jugendbewegung will man sofort dabei sein, der Satz hat eine ganz ordentliche Melodie, er prägt sich sofort ein, ich habe ihn schon viele Male in meinem Kopf meditativ wiederholt, man kann ihn gut denken, wenn man ohnehin in dieselbe Richtung muss wie jemand, den man an diesem Abend erst kennengelernt hat, man kann ihn auch denken, wenn man schweigend gemeinsam in ein Taxi steigt und versucht, ein fremdes Treppenhaus zu einer fremden Wohnung hochzusteigen, ohne zu schwer zu atmen, man denkt diesen Satz im Flur stehend, sich umschauend, man denkt ihn auch, wenn man dann ein

Bier angeboten bekommt und versucht, weder den Dreck in den Ecken noch den dazugehörigen Menschen zu nah an sich rankommen zu lassen, und man denkt ihn schließlich, wenn man natürlich kein Bücherregal entdeckt und dennoch nicht nach Hause geht, weil man leicht angetrunken feststellt, dass die Abwesenheit einer guten Sache nicht automatisch schlimmer ist als die Anwesenheit einer schlechten Sache, denn die Männer, die kein Bücherregal zu Hause haben, lesen zwar nicht, dafür *lesen* sie auch nicht, was bedeutet, dass sie niemals Freundinnen haben werden, die sehr exakt Charlotte heißen und deren Lieblingsbuch *Der kleine Prinz* ist, diese Männer werden auch nie rührende Erzählungen von Paulo Coelho nacherzählen oder auf Partys darüber sprechen, wie *Die unerträgliche Leichtigkeit des Seins* sie damals bewegt habe. Männer, die lesen, stehen früher oder später in meinem Leben rum und erzählen mir, was ich *unbedingt* lesen müsse, kämen aber selbst nie auf die Idee, etwas zu lesen, was ihnen empfohlen wird. Diese Männer erinnern sich nicht daran, wann sie das letzte Mal etwas gelesen haben, was nicht von einem Kerl auf Lenovo-Laptop in den Neunzigern geschrieben wurde, sie sagen: *Jetzt hast Du mich erwischt*, wenn man sie fragt, ob sie Bücher von Frauen überhaupt, na ja, ich sage mal, *kennen*, sie starren dann in das USM-Haller-Flair und fragen schließlich, ob J. K. Rowling zähle, sie meinen das halb ernst, dann sprechen sie davon, *dass der zwar jetzt keine Frau ist, aber* David Foster Wallace sei ein toller Autor. Dieser Tipp dieses ganz speziellen Typ Mannes, der in jedem Gespräch David Foster Wallace konspirativ empfiehlt, was in etwa ein so beeindruckender Geheimtipp ist wie *Hey, kennst Du schon die Rolling Stones,* hat dafür gesorgt, dass ich die ersten fünf Jahre meines Teenagerlebens nur genickt habe, weil man die ersten fünf Jahre seines Teenagerlebens ja quasi pausenlos auf irgendwelchen Partys rumsteht und insgeheim eben auch darauf wartet, dass die Jungs aus den Theater-AGs dieser Bundesrepublik einen ansprechen, es ist und bleibt auch die einzige Phase im Leben einer Frau, in der ansprechen eine faktische Beschreibung eines Gesprächs ist, Jungs sprechen einen an, man selbst redet aber kaum, es ist einfach das Aushalten davon, dass Männer reden, und dabei wird man auch höchstens als Gesprächspartnerin identifiziert, weil der Mann in die Richtung spricht, in der man rumsteht und schweigt, und man steht da und weiß nicht wohin mit dem Batida-de-Côco-Rausch und den Hormonen, und deswegen nickt man sehr, wenn sie von David Foster Wallace sprechen, diesem *besonderen Ton,* und man weiß dann noch nicht, dass man diese Gespräche noch lange führen wird, vielleicht ein ganzes Leben lang, wenn man nicht in eine andere Kaste hineinheiratet. In meinem Bücherregal stehen alle Bücher von David Foster Wallace, ich habe sie in der stillen Hoffnung, durch ihre Anwesenheit den Ablauf des David-Foster-Wallace-Gespräches abwenden oder zumindest beschleunigen zu können, *ja, bitte, erzähl auch Du mir Deine Meinung zu seinem einen Buch mit dem langen Titel, auf den Du gerade leider nicht kommst,* es sind dieselben Männer, die auch Kurt Vonnegut mögen, die *Fight Club* für einen *besonderen Film* halten, die vor Kneipen stehen, einem beim Rauchen an die Schulter fassen und erzählen, wieso sie sich jetzt doch dagegen entschieden hätten, in ihrer Bachelor-Arbeit zu gendern, es sind diese heimlich hypermaskulinen Männer, die nur deswegen so hypermaskulin sind, weil sie ihre vermeintliche Andersartigkeit, ihre *ganz eigene Interpretation von Männlichkeit,* nämlich angelernte Einfühlsamkeit und selbst dargestelltes Interesse an ihrer Umwelt, selbst für so radikal unmännlich halten, dass sie sie als Gegenentwurf leben müssen, *dann leas Dir doch einfach lieber einen Porsche,* denkt man, wenn sie erzählen, aus welchem Thailand-Urlaub die geflochtenen Armbänder sind, und dass die Zeit da so schön war, dass sie eben gar nicht daran gedacht haben, Fotos vom Strand bei Facebook zu posten, *du ganz besondere Schneeflocke,* muss man dann denken, *hast Du einfach nichts bei* Facebook *gepostet,* und man traut sich nicht, ihnen zu sagen, dass sie mindestens die dritte ironische Brechung von irgendeinem Männlichkeitsbild sind, und der einzige Grund, wieso sie damit nicht auffliegen, der ist, dass alle anderen Geschlechter, vor allem meins, mindestens genauso peinlich sind. Bücherregale, jedenfalls. Ich bin noch nie wegen einem voreilig wieder nach Hause gegangen, ich bin aber auch, na ja, sagen wir einfach: *resilient.* Bücherregale sind auch einfach irre anstrengend, weil sie immer etwas wollen vom Raum, weil sie immer etwas wollen vom Besucher, der Besitzer eines Bücherregals hat schon so unglaublich viel unter Beweis gestellt, dass die Wahrscheinlichkeit, dass er oder sie *chill* ist, wie wirklich kein junger Mensch sagt, im Prinzip irre unwahrscheinlich ist. Wenn man ein Bücherregal hat, muss man eher die Anwesenheit von Büchern verteidigen als ihre Abwesenheit, beziehungsweise: Man muss schon arg beschissenen Besuch haben, dass der sich erst mal über die *Suhrkamp*-Wissenschaftsbibliothek lehnt und sagt *aha, Adorno fehlt, du hasst wohl Linke* oder so was, es ist auf alle Fälle heute weniger lästig, ein Buch nicht zu haben, als es zu haben, vielleicht ist es heute einfach nicht mehr so wichtig, gebildet zu sein, vielleicht ist mittlerweile auch einfach deutlich geworden, dass Bücher von Nazis, Frauenhassern, Straftätern und so weiter zu lesen kein Beweis ist für Intellektualität, der Trugschluss ist hier, dass man angeblich ein besonderes Level an Abstraktionsvermögen an den Tag legen müsse, um über den ganzen Frauenhass und die anderen Dinge *hinwegzulesen* und an den Kern der Wahrheit zu gelangen, das galt sicher mal als eine erhöhte Form von Liberalismus, eine, in der Leute *alles sein dürfen,* sie dürfen hassen, wen immer sie wollen, denn das hindert sie ja nicht daran, gute Dinge zu denken. Aber genug von Ernst Jünger.

Ich ärgere mich über diese ganzen Bücher, die man *gelesen haben sollte,* weil mir das oft alles zu lange dauert, Weltliteratur ist nichts anderes als Männer, die sich nicht kurz fassen wollen. *Der Zauberberg,* zum Beispiel, der zieht sich, und natürlich steckt da ein Sinn hinter, und natürlich war Thomas Mann sicher ein besonders begabtes Kerlchen, aber es war sicher auch nicht so schwer, lange Bücher zu schreiben, als es noch keinen Grund gab, kurze zu schreiben, dieses Selbstbewusstsein, das man haben muss, um so was wie den *Zauberberg* zu schreiben, dieser unbändige Glaube daran, dass man selbst so geil drauf ist, dass man tausend Seiten über einen schlechteren Kurort schreiben kann und die Leute das lesen wollen, der macht mich rasend vor Eifersucht, diese Form von Selbstbewusstsein hat man nur, wenn man verzogen wurde, wenn man als Kind wirklich für alles gelobt wurde, beim *Zauberberg* muss ich immer an alte Sketche aus den ersten Comedy-Shows in den Staaten denken, bei denen sieben Minuten auf einen einzigen Gag hingearbeitet wurde, das hat den Leuten völlig gereicht, der *Zauberberg* funktioniert genauso, die Pointe von allem steht auf der letzten Seite, bis dahin passiert, klar, *etwas,* aber dafür, dass mein Lebenslauf heute auf eine Seite passen muss, zieht sich das schon auch ganz schön. Ich hatte mal einen Deutschlehrer, der wollte, dass es ein *angstfreies Klassenzimmer* gibt, wir durften alles fragen, und wir fragten auch sehr viel, einmal fragte mein Mitschüler Florian, ob er für das Referat über ein wichtiges literarisches Werk die Autobiografie von Philipp Lahm besprechen dürfe, er durfte nicht, ich jedenfalls fragte, wie es sein könne, dass wir im Laufe der Menschheitsgeschichte in allem immer bessere Ergebnisse erzielten, im Sport und in der Technik und in der Politik und so, aber dass immer noch die ältesten Bücher die besten seien. *Die Schönheit von manchem offenbart sich erst spät,* sagte er dann, und verdammt noch mal, bei jedem Umzug stelle ich den *Zauberberg* ins Regalfach auf Augenhöhe und warte auf den Grund, wieso mich das interessieren soll.

Im Regalfach darunter geht es weiter mit Büchern von Menschen in meinem Alter, die mal ein Wochenende in Berlin waren und darüber schreiben. Die Frauen heißen in diesen Büchern immer wie Feen oder rosa Pokémon, sie legen wirklich oft ihren Kopf schräg und werden aus ihren besten Freundinnen nicht schlau, die Jungs heißen exakt wie der Junge, der der Autorin in der Mittelstufe das Herz gebrochen hat, es ist, als dürfte man bei einer erfolgreichen Therapiestunde mitlesen, es wird da immer sehr nachdenklich über Kies gegangen oder irgendwo haltgemacht, man hält einfühlsam Hände und trinkt generationsbeschreibend Bier. Daneben stehen Bücher über Feminismus, die versuchen, kein rosa Cover zu haben, die besseren schaffen es, es geht da viel um Alltagsprobleme und darum, wieso es okay ist, traurig zu sein, dass man keinen Mann abbekommt. All diese Bücher sind auf ihre Art das exakte Gegenteil vom *Zauberberg*, weil die kluge Wendung eben nicht erst auf der allerletzten Seite kommt, sondern auf der allerersten. Es gibt irgendeine Moral über Heimat oder Geschlechtlichkeit, über Liebe oder Leistungsgesellschaft, es wird auf alle Fälle ein Praktikum gemacht, und auf Seite eins, wenn irgendjemand mit *angespanntem Kiefer* aus irgendeinem Fenster schaut oder eingewickelt in eine herzliche Anekdote den Exfreund wiedertrifft und ihm dann das Blut in die Wangen *schießt,* ist klar, worauf das alles hinausläuft, und man kann zweihundertfünfzig Seiten so tun, als sei man gespannt. Es sind alles in allem sehr ressourcensparende Bücher, damit genug Zeit bleibt, freitagnachmittags mehrere Stunden nachdenklich an einem Obststand auf irgendeinem Marktplatz zu stehen und sanft die Schale von als frisch angepriesenen Granatäpfeln anzudrücken, die man dann nicht kauft, weil es eben doch immer eine große Sauerei ist sie zu öffnen. Die Frauen, die diese Bücher schreiben, werden dann irgendwann Frauen, die Kinder bekommen und dann darüber schreiben, was es mit ihnen gemacht hat, Kinder zu bekommen, und es hat natürlich irre viel mit ihnen gemacht, sie wurden sanfter, aber auch wütender auf die Umstände, sie haben schlechtere Laune, seit sie ein Kind haben, und das macht sie nach irgendeiner Handlungslogik zu besseren Feministinnen, und die Welt, die sie da beschreiben, ist natürlich nur die Welt von vier Dutzend Frauen, die in denselben Städten wohnen und die gleichen eleganten Schwangerschaftskleider getragen haben, sie alle gehen auf dieselben Spielplätze und imitieren eine Gelassenheit, die ich ihnen nicht abnehme, ich stelle es mir vor wie ständige und unbändige Panik, einen kleinen Menschen, der einem selbst gehört, auf die Schaukel zu setzen. Bücher von jungen Müttern faszinieren mich, weil es nachvollziehbarer feministischer Konsens ist, Mütter super zu finden außer der eigenen, diese Frauen schreiben sich die ganze Versorgungsknappheit und die Unsicherheit bei der Hebammensuche von der Seele, ich lese diese Bücher, ich lese sie alle, auch wenn es zwischendurch fürchterlich viel untenrum ist, mich hat Menstruation als Thema auch noch nie so richtig interessiert, aber da weiß ich zumindest, wovon ich nicht sprechen will, bei all dem Plazentakram, den diese Frauen besprechen, steht mir natürlich nicht zu, das eher biologisch egal als politisch relevant zu finden, deswegen lese ich das und denke, *vielleicht setze ich auch mal ein Kind auf eine Schaukel und schreibe ein Buch.* Das Wunder der Natur. Die Frauen, die mich in meiner Wohnung besuchen werden, werden diese Bücher auch schon gelesen und *inspirierend* gefunden haben, sie werden außerdem Blumen in Packpapier mitbringen und einen *guten Vino,* sie werden fragen, wie ich diesen einen Essayband über Heimatlosigkeit fand und dieses eine Manifest für oder gegen Streitkultur, *es ging da auch um Internet,* werden sie sagen, und ich werde mit ihnen sehr ernsthaft darüber diskutieren, und wenn ich Glück habe, ignorieren sie meine Selbstdarstellung, ignorieren sie das Gespräch, das ich am liebsten führen würde über Woody Allen und Martin Heidegger, das Gespräch, bei dem ich zwangsweise klinge wie ein talgiger FDP-Politiker, und sie werden fragen, ob wir den Wein aufmachen wollen und ob sie sich diesen einen Roman ausleihen dürften, der, in dem die Frau diese eine Sachen erlebt. Bücherregale sind zwangsweise einfühlsam.

Die Möbelpacker tragen Kisten die Treppen hoch, all den Krempel, der mich zu der macht, die ich bin, *einfach toll.* Als ich die ersten Kisten öffne und Pfannen im Shabby-Chic-Look auspacke, eine Stehlampe im Bauhaus-Stil, gerahmte Bilder in Luftpolsterfolie eingewickelt, fragt mich einer von ihnen: *Machen Sie was mit Kunst beruflich?,* dabei wischt er sich den Schweiß von der Stirn, indem er sein Gesicht gegen den T-Shirtärmel über der Schulter drückt, Arbeiterklasse-Geste, sieht einfach immer scheiße aus, wenn man beim Hot-Yoga ist oder gerade ein paar Geranien in der prallen Sonne umgetopft hat, ab einem gewissen Jahreseinkommen wird Schweiß nur noch getupft.

Ich habe eine Liste von Dingen, für die ich nicht gehalten werden möchte, ich möchte zum Beispiel nicht unter Verdacht stehen, freitags mit den Kollegen aus dem Büro zum Klettern zu gehen oder beruflich was mit Kunst zu machen – alle Frauen, die ich kenne, die ebendas tun, haben bis zu ihrem fünfunddreißigsten Lebensjahr so einen ungekämmten Haufen Haare auf der größeren Fontanelle in der Schädelmitte sitzen, und sobald sie sechsunddreißig werden, bekommen sie automatisch einen aufmüpfigen Pagenschnitt, tragen dazu eine aufdringliche

Brille, starren schlecht gelaunt in die Welt, tragen Hosen mit interessanten Beinausschnitten und schaffen diese beeindruckende Sache, den eigenen Sinn für Humor zwar nicht zu verlieren, aber trotzdem nicht mehr zu lachen.

Ich schüttele den Kopf, *ne, die Bilder sind privat,* sage ich, *dachte, weil die ganz schön groß sind,* sagt er und deutet mit dem Kinn an die Wand, an der ein mannshohes, in Luftpolsterfolie gewickeltes Paket steht. *Das ist ein Spiegel,* sage ich, so wenig trocken wie es geht, *Ah,* sagt er. *Spiegel können ja auch schön sein.* Ich nicke. Den Spiegel hänge ich erst auf, wenn alles andere erledigt ist, weil ich oft stundenlang vor Spiegeln sitze und meine Zeit verschwende, ich gucke so gerne meine Fehler an, ich empfinde es als erste Bürgerpflicht, am besten Bescheid zu wissen über die komische Form meiner Nase, die Höhe meiner Wangenknochen, die Haltung, mit der ich mich durch die Welt trage, vor Spiegeln muss ich außerdem immer an meinen Freund Tim denken, der sagt, dass es am Ende ja nur darum gehe, *fuckable für die Welt* zu sein, er hat außerdem mal gesagt, dass er meine Nase so hässlich fände, dass er nie mit mir schlafen würde. Vielleicht sitze ich wegen Tim so oft vor Spiegeln, weil ich mein Äußeres auswendig lernen will, wie andere es mit irgendwas Wichtigem tun, damit ich ganz genau weiß, wie viel Verhandlungsmacht ich habe in Bars, wenn ich von Männern mit nach Hause genommen werden will, auch das ist weniger Eitelkeit als eine Überlebenstaktik, weil Frauen früher oder später ohnehin lernen, wie gut sie wirklich aussehen, eigentlich spätestens dann, wenn sie in der Mittelstufe dem Jungen, in den sie verliebt sind, die Mütze vom Kopf klauen und wegrennen und er nicht hinterherläuft, wenn ich also in Bars sitze, will ich ganz genau wissen, wie viel Spielraum mir meine Nase lässt, wie *frech* ich sein darf und so weiter, damit irgendjemand dann Sex mit mir haben will, wozu ich aber dann Nein sage, aus Angst davor, später in einem fremden Badezimmer die Beschaffenheit der Kalkreste auf einer verwohnten Duscharmatur betrachten zu müssen. Ich war mal in einem Café, auf der Toilette – ich weiß, die Ereignisse überschlagen sich plötzlich –, über dem Waschbecken vor der Toilette hing an der Stelle, an der normalerweise ein Spiegel hängt, ein Sticker mit der Aufschrift *relax, you look good*, es ist dieser verklemmte Hostelhumor, der wirklich nur für spanische Expats existiert, die ihre traurigen Outfits in einer Sporttasche mit Rollen dran durch die pulsierenden Stadtteile über Kopfsteinpflaster ziehen und mit jedem Schritt alles ein kleines bisschen weniger pulsierend machen, sie lachen auch über Passantenstopper vor im weitesten Sinne okayen Bars, *we don't have Wi-Fi, you have to talk to each other!*, und man sieht sofort die

Christiane vor sich, die die Idee für diesen Spruch hatte, wie sie ihn mit recherchierten Serifen auf die Tafel geschmiert hat, nur damit ein Austauschstudent in Selbstfindungsphase das witzig finden kann, es ist dieser Humor, der aus den falschen Gründen witzig gefunden wird, weil er auf *Facebook* viral ging, *klasse, Mensch,* schreiben die alten Leute, denen *Facebook* gehört, unter solche frechen Postings. Statt des Spiegels in diesem scheiß Café eben dieser scheiß Spruch, ich wusch mir mit schlechter Laune gründlich die Hände, sang dabei zweimal halblaut und leicht aggressiv *Happy Birthday*, so, als hätte ein Diktator Geburtstag, *wieso sollte man ihm überhaupt gratulieren*, darf man sich jetzt fragen, aber wir Linksliberale waren immer schon Nazis, die sich hinter Höflichkeit verstecken. Je öfter man sich im Spiegel anguckt, desto langweiliger wird man sich selbst, Augenringe sind knapp ein Jahrzehnt spannend, ein blöder Wirbel am Haupthaar dagegen nur wenige Wochen. Schiefe Zähne sind interessant, bis man ungefähr neunzehn Jahre alt ist, gerade Zähne übrigens auch. Je öfter man sich selbst anstarrt, desto weniger Zeit hat man, andere Leute anzustarren und Magazine und Litfasssäulen, desto weniger relativ wird das eigene Aussehen, desto fader wird alles, was mal schön genannt wurde, ich schaue mich so oft wie möglich an, überall. In der Spiegelung von Schaufenstern, in der Glastür der U-Bahn, in den metallischen Wänden von Aufzügen, während ich mir gründlich die Hände einseife. Ich sehe normal aus. In der Mittelstufe konnte ich unendlich viele Mützen von Jungsköpfen klauen, ohne jemals belangt zu werden. Vielleicht ist das einzig Besondere an mir, dass ich in Jeans reich aussehe, es ist die einzige Sache, die ich mit Bruce Springsteen gemeinsam habe.

Man kann ja zwischendurch immer auch mal im Badezimmer rumstehen und überlegen, ob man nicht jetzt endlich die Frau werden kann, die neben dem Badezimmerspiegel einen Strauß Trockenblumen stehen hat. *So romantisch, so nachdenklich, was für ein Weib,* muss man dann ja denken, Badezimmer sind ohnehin immer diese relativen Räume, in denen man ständig überlegt, wie man das eigene Potenzial endlich voll ausschöpfen könnte, es ist der Ort, an dem man sich anschaut und in aller Einsamkeit Augenringe anstarrt oder Haare an Stellen, an die sie schon hingehören, eigentlich, aber nicht gerade hilfreich sind beim Versuch, Sex zu haben. Im Badezimmer werden obskure Cremes auf bekannte Körperstellen geschmiert, und Frauen haben häufig ihren Hautton in verschiedenen Fläschchen, die verschiedene Texturen haben, die sie dann auf ihr Gesicht auftragen, damit ihr Gesicht modular noch aussieht wie ihr Gesicht, aber eben nicht mehr wirklich wie ihr Gesicht, wäre ich ein wenig mutiger, würde ich der Welt zumuten, wie ich wirklich aussehe, aber es macht im Prinzip auch großen Spaß, über Jahre eine verlässliche Technik im Übermalen der eigenen Gesichtszüge zu erarbeiten, damit man dann strahlend schön ist und sich strahlend schön in Bars setzen kann, um dann mit anderen Frauen, die sich ebenfalls zu viel Mühe gemacht haben beim Versuch, der Außenwelt ihr Gesicht zu zeigen, darüber zu sprechen, wie hoch der Druck auf uns Frauen ist, und an guten Tagen schwant uns, dass uns niemand zwingt, uns anzumalen und diese Strumpfhosen anzuziehen, die den Bauch in Richtung der überlebenswichtigen Organe drücken, und die Schuhe, die die Beine soundso aussehen lassen, insgeheim wissen wir, dass uns niemand abstechen würde, wenn wir einfach aussehen würden, wie wir aussehen, wir haben ja alle die Essays gelesen, zwischen uns und Mut stehen nur die Trockenblumen neben dem Badezimmerspiegel und ein bisschen Concealer, wir einigen uns darauf, dass wir es nächstes Jahr vielleicht noch mal versuchen mit der gelebten Geschlechtergerechtigkeit, es ist einfach sehr schwer.

Jedes Badezimmer, das man neu bewohnt, könnte das erste Badezimmer sein, in dem man in einer Dusche versucht, Sex zu haben, nur um dann festzustellen, dass Sex unter der Dusche genau wie Schneeballschlachten und Überstunden eine von diesen Sachen ist, die wirklich nur in Filmen gut aussehen, man wird trotzdem froh sein, dass man es ausprobiert hat, wird die meiste Zeit aber Wasser im Auge haben und Dreckpartikel in unzulänglich verfugten Fliesen entdecken, außerdem ungewöhnlich lange das, na ja, sagen wir einfach mal *Design* der Duschschaum-Flasche anstarren. Im Anschluss fühlt man sich, obwohl man technisch betrachtet lange unter der Dusche stand, sonderbar ungeduscht, weil die genaue Reihenfolge, mit der man sich mit unterschiedlichem Zeug an unterschiedlichen Körperstellen einreibt, viel zu intim ist, als dass man das dem Menschen, mit dem man da gerade Sex hat, wirklich zeigen möchte, also verlässt man die Dusche mit diesem leicht talgigen Gefühl auf der Haut, man spürt, dass da noch Schuppen und Hautfett zu entfernen wären, bestimmt riecht man nicht mal wirklich cremig, *wozu die Mühe,* fragt man sich dann, *wozu.* Außerdem die Einsicht, dass niemand auf der Welt außer einem selbst jemals die genaue Wassertemperatur antizipieren können wird, die man zum Duschen braucht, was in einem diese großartige Form der Einsamkeit erzeugt, die nämlich, in der man merkt, dass man bis zum Tod nur sich und wirklich nur sich selbst haben wird, es einen aber ausnahmsweise nicht in das *Oasis*-Mindset versetzt, dass man

Wände anweinen möchte, bis sich eine Rotzeblase am rechten Nasenloch bildet, sondern eine pragmatische Dankbarkeit dafür empfindet, dass man es gar nicht so übel getroffen hat, dass man sich eigentlich ganz lieb um sich kümmert und im Gegensatz zu den meisten in jeder noch so peinlichen Situation bei sich selbst geblieben ist, und diese Dankbarkeit für sich selbst ist vermutlich der unerotischste Zustand aller Zeiten, weil man eben mal kurz nicht auf die Anerkennung eines Menschen angewiesen ist, der einem mechanisch beweisen will, dass er einen sogar dann gut findet, wenn man so richtig nackt ist. Überhaupt ist Nacktsein ja auch nicht mehr so spannend wie früher, als man vor lauter Scham noch Vorwände finden musste, um sich in einem anderen Zimmer an- und ausziehen zu können, mittlerweile steht und liegt man voreinander und weiß, dass die meisten Körper komisch aussehen, man vermisst die Zeit, in der man noch dachte, dass Körper irgendwie spannend seien, als man noch angenehm viel Zeit am Tag für Selbsthass einplanen durfte, man war immer beschäftigt, weil aus irgendeinem Blickwinkel sehen die Oberarme ja ständig eklig aus, aber diese Zeiten sind vorbei, und man vermisst sie, man vermisst auch diese kurze Phase, in der die Leute *body positivity* gut fanden, und mit Leute meine ich natürlich: Frauen und der Sänger Sam Smith. Auf einmal wurden

Oberschenkel in die Kamera gehalten, die mehr oder weniger unperfekt waren, immer mit dem radikalen Hinweis, dass die meisten von uns keine Supermodels seien und dass das auch völlig in Ordnung sei, was in etwa so radikal ist wie die Ansicht, dass die meisten von uns nie Neurochirurgen werden und das auch völlig in Ordnung sei, auf einmal jedenfalls war die Anwesenheit von Makeln eine Art radikaler Akt, *mutig, Viviane,* wollte man dann ins Internet rufen, hielt sich aber zurück, weil man kurz die Hoffnung hatte, dass das eventuell die angemessene Überreaktion zu einem jahrzehntelangen Hasskult auf den eigenen Körper sein könnte, aber es blieb die ganze Zeit dieser schale Geschmack im Mund, so als würde man mit einem Rollstuhlfahrer Basketball spielen und ihn absichtlich gewinnen lassen, denn egal, aus welcher Richtung man auf dem Thema rumdachte, am Ende ging es wieder nur um Fickbarkeit und darum, schön zu sein, jetzt war halt nicht mehr nur Kate Moss schön, sondern quasi jede Frau, und das tat wirklich nichts für das Konzept von Schönheit, man stand dann eben im eigenen Badezimmer, nach dem Duschen, schaute im Spiegel, der übrigens mal wieder geputzt werden müsste, den eigenen Körper an, machte ein paar Fotos mit dem Handy von sich, nur um mal eine andere Perspektive zu bekommen, löschte sie, ging in den versteckten Ordner mit den gelöschten Fotos, löschte diese Fotos endgültig, in der Hoffnung, dass sie nicht schon längst in irgendeiner Cloud gelandet waren, man machte das einige Zeit, fand das Konzept ja weiterhin im Kern okay, einfach den eigenen Körper super finden, immer wieder tröpfelte man Öle aus irgendwelchen Pipettenfläschchen auf Hände oder Haare und schaute wieder und wieder den Körper an und wartete drauf, dass man es nicht mehr komplett albern fand, einen alles in allem höchstens okay schönen Körper auf einmal aus Prinzip schön zu finden, diese Methode hatte sich schon bei Schläue und Relevanz gesamtgesellschaftlich nicht bewährt, nicht jeder ist klug, nicht jeder ist schön, nicht jeder kann besonders hoch springen. Dann ist da ja noch die heitere Erkenntnis, dass Körper einfach wahnsinnig langweilig sind, dass jeder mindestens eine peinliche Stelle hat und dass man sich nicht mal ansatzweise an die Körper erinnert, die im Laufe des eigenen Lebens so auf einem lagen, dass es vielleicht eine besonders liebenswürdige Form von Narzissmus ist, den eigenen Körper so wichtig zu finden, dass man eine Bewegung dazu gestartet wissen möchte. Diese bleierne Langeweile darüber, wie der eigene Körper aussieht, beginnt im Badezimmer und breitet sich aus über die Regale, auf denen diese eine Creme steht, die diese eine Sache wegmachen soll, die man nicht nachkauft, weil einem die Beseitigung dieser einen Sache schlicht zu anstrengend erscheint, mit der Langeweile kommen Entspannung und die Einsicht, dass Selbsthass ein Zeitfresser ist, man vermisst ihn trotzdem, wenn man daran denkt, wie aufregend es war, sich vor jemandem zu genieren, der gerade in einem drin war. Heute tritt man aus der Dusche und vor den Spiegel und dann vor den Kleiderschrank, und na gut, an manchen Tagen denkt man weniger darüber nach, wie egal einem der eigene Körper geworden ist, sondern vor allem darüber, dass er im Vergleich zu anderen Körpern eben nicht so übel sein kann, weil man ja ganz genau sieht, wie die Knie von anderen sich in Falten legen, dass auch andere Füße diesen einen komischen Hubbel haben, dass Menschen sowieso zu weiten Teilen aus komischen Hubbeln bestehen, und dann steht man vor seinem Kleiderschrank und sucht ein T-Shirt, das der Welt sagt, dass man sich keine Gedanken über den eigenen Körper macht, dass man entspannt damit ist, wie man aussieht, die Suche erschöpft einen, und man merkt, dass alles, was man seit dem Verlassen der Dusche gedacht hat, nicht mal im Ansatz feministische Sprengkraft besitzt.

Man schleppt seinen Körper dann an irgendeinem Punkt angezogen in ein Wohnzimmer, in dem nichts steht, was wirklich Spaß macht, bei dem es nicht darum geht, den Leuten zu zeigen, was man über die Welt denkt, sondern nur, dass man gerne *Memory* spielt, scheinbar spielen wir alle kein *Memory,* aber wir haben alle ein gutes Rezept für Baba Ghanoush im Kopf. Grundsätzlich wird ohnehin nicht gespielt oder etwas mit Begeisterung gemacht, so als wäre es lächerlich, den Versuch zu unternehmen, absichtlich Freude zu empfinden. Es gibt dieses fundamentale Missverständnis, Ernsthaftigkeit sei tiefsinnig und Humor sei oberflächlich, unterm Strich kommt man gut weg, wenn man bei einer Lesung berührt den Kopf zur Seite legt und mit den Tränen kämpft, wenn man also Dinge fühlt, die eine Tiefe und eine Schwere haben, vielleicht hat es an irgendeinem Punkt sogar mit der eigenen Kindheit zu tun, und all das kommt hoch, weil ein vierundzwanzigjähriger Lehramtsstudent Silben unnatürlich betont und Sätze sinnlos bricht, aber man kann mühelos ein ganzes Jahrzehnt auf Lesungen sitzen und den Kopf so schräg halten, dass die anderen es natürlich schon bemerken, aber eben doch nicht so schräg, dass die anderen denken könnten, man hielte den Kopf demonstrativ schräg, um der Außenwelt irgendeine Nachdenklichkeit zu beweisen, denn das wäre ja keine echte Nachdenklichkeit, den Kopf schräg halten ist ein Drahtseilakt zwischen der dargestellten Gelöstheit, dem Beweis, dass man so sehr bei sich selbst ist, dass man der

Umwelt gerade wirklich gar nichts beweisen muss, und der Legitimation, dass dieses prätentiöse Kopfschräghalten eben auch gerechtfertigt ist, da muss also mimisch auch eine gewisse Rührung mitpassieren, damit es am Ende nicht nur wirkt wie eine Show für die hinteren Reihen, all das ist ganz offensichtlich kompliziert, aber es lohnt sich, weil Nachdenklichkeit eben immer belohnt wird, mit der Illusion von Tiefsinnigkeit. Dabei ist Spaß viel schwieriger. Er lässt sich im Gegensatz zu Nachdenklichkeit nämlich nicht gut imitieren, niemand würde sich eine Comedy-Show anschauen und dann demonstrativ lachen, zum einen, weil man mit Lachen keine emotionale Anerkennung gewinnt, niemand wird hinter und vor einem sitzen und denken: *Wow, diese lachende Frau, sie arbeitet gerade offenbar ein paar Traumata aus der frühen Jugend auf und ist zudem beeindruckend gut in Verbindung zu ihren eigenen Gefühlen,* zum anderen, weil Lachen sich schlecht imitieren lässt. Spaß ist eine unfreiwillige Reaktion auf etwas, was gut gemacht ist, alles an Spaß ist kompliziert, der Versuch, anderen Leuten Spaß zu bereiten, kann scheitern, der Versuch, sich zu amüsieren, ja auch, und das sogar komplett öffentlich, und im Gegensatz zu Gerührtsein, was einfach immer geht, je öfter, desto geiler, kann man eben auch an den falschen Stellen lachen, und nicht lachen, wenn alle lachen, ist sogar noch schlimmer als lachen, wenn niemand lacht, wieso versucht überhaupt noch jemand, witzig zu sein, das kann scheitern, und das tut weh. Es ergibt also Sinn, dass in Wohnzimmern nur noch ernste Dinge stehen, versuch mal, mit einer Aesop-Duftschale und einem Bildband von Jürgen Teller FUN zu haben, das Leben ist doch ohnehin ständig kompliziert und anstrengend, man verschüttet Limos, die man eigentlich noch trinken wollte, Dinge gehen verloren, Menschen werden ein- oder ausgesperrt, das Mindeste, was man vom Leben verlangen darf, ist also, dass man im eigenen Wohnzimmer nicht ständig panisch abgleichen muss, ob man sich über die richtigen Dinge amüsiert oder ob man die gleiche und deswegen richtige Meinung hat zu Popkultur-Göttern, ich lese und schaue und höre fragend, begreife die angebliche Großartigkeit selten, Wohnzimmer sind dafür da, Joan Didion zu lesen und zu denken: *Hä? Was soll das alles? Wer sind die Leute? Wieso ist sie immer so schlecht gelaunt,* im Wohnzimmer sollte man Bücher nach vierundvierzig Seiten zuklappen dürfen und nie wieder weiterlesen wollen, man kann sich dann sehr heimlich fragen, was mit dem eigenen Herzen falsch läuft, dass man da wirklich gar nichts fühlt. Aber nur heimlich. In Wohnzimmern will niemand scheitern.

Dann ereignen sich in Wohnzimmern ja auch zwangsweise diese Abende, die so beginnen, dass man zu früh schon trinkt, weil man nicht weiß, was man mit sich anfangen soll, und man außerdem ahnt, dass sich da irgendein ungewolltes hysterisches Gefühl anbahnt, irgendein Vermissen oder Erinnern oder so ein Quatsch, man kennt das, es gehört dazu, man weiß, dass dieses Gefühl früher oder später gewinnen wird, aber bis dahin trinkt man Weißwein und hört Musik, diese Art Musik, die reserviert ist für ebendieses Gefühlskonglomerat, man sitzt dann auf einem irgendwie gearteten Boden und hört Musik, die von einer irgendwie gearteten Liebe handelt, man raucht weit über den Punkt hinaus, dass es noch schmeckt, vielleicht wäre man weniger traurig, wenn dann ein lustiges Puzzle bereitläge, nicht nur ein Katalog von *Manufactum,* wo man Füller vergleicht, ein DVD-Player würde auch helfen, einfach mal keine französischen Arthouse-Filme gucken, einfach mal wieder *Dumm & Dümmer,* kein Wunder, dass Leute, deren Wohnzimmer so aussehen wie meine, ständig neue Dinge fühlen, es ist das Gegenteil von Zerstreuung, diese Wohnzimmer sind eine ständige Wiederholung des Moments, in dem man der eigenen Mutter als Kind vorjammert, dass einem langweilig sei, und sie sagt, man könne ja sein Zimmer aufräumen, diese Wohnzimmer sehen aus, wie sie aussehen, weil man

Angst hat, mit den falschen Sachen Spaß zu haben, sicherheitshalber hat man dann gar keinen Spaß mehr, man kann auch mit Krampf eine schlechte Zeit haben.

Natürlich steht in meinem Wohnzimmer ein Plattenspieler, einfach, weil ich gerne alte Menschen beeindrucke. Als das anfing, Musik ohne haptischen Tonträger, nur irgendwo im Internet existent, begann die Panik gleich mehrerer Generationen, dass ihre gesamte Jugend mit der Entstehung einer neuen Technologie infrage gestellt werden könnte, auf einmal konnte man allen, die irgendwann zwischen 1973 und 1998 Teenager waren, dabei zuhören, wie sie die Heldengeschichten ihrer Musikkultur nacherzählten, in diesen Geschichten wurden unter größten Mühen und meistens zu Fuß die mehrere Hundert Kilometer lange Wegstrecke in die nächstgrößere Stadt absolviert, wo man sich dann stundenlang bei Passanten durchfragte, wie denn der Weg in den einzigen Plattenladen in diesem Regierungsbezirk wäre, wo man dann mit schwitzigen Händen die Regale durchforstete und unter größten intellektuellen Mühen das pfenniggenau abgezählte und natürlich hart erarbeitete Taschengeld in diese eine, die Jugend endlich bedeutsam machende Platte investierte. In der Regel war das *Rumours* von Fleetwood Mac, was in etwa so edgy ist, wie sich im Radio ein Lied von

Taylor Swift zu wünschen und alle zu grüßen, die man kennt. Dieses implizite Abgekulte der eigenen Jugend, einfach weil man damals Dinge noch anpacken konnte, ist peinlich berührend. Als ich meinen ersten Plattenspieler gekauft habe, als ich also eine Zeit lang dachte, dass irgendein Album von The Who, das ich auch kostenlos auf *Spotify* anhören kann, sich anders anfühlt, wenn man es in schlechterer Qualität und mit Unterbrechungen nach jedem vierten Song hört, saß ich stundenlang vor dem Gerät und fühlte mich sehr existenzialistisch, gleichzeitig schämte ich mich wahnsinnig. Pathos und Scham. Wenn man diesen beiden Gefühlen Sneaker anzieht, hat man jede Jugend. Kurz bevor ich umgezogen bin, war ich in einem Plattenladen, wäre ich noch unverschämter, als ich ohnehin schon bin, würde ich sagen: *war ich in meinem Plattenladen,* denn: *Hier kaufe ich immer meine Platten,* dieses absichtliche Geldausgeben in immer und immer wieder denselben Etablissements hat so etwas Einsames, als wollte man sich Zwinkern an der Theke erkaufen, ich war also in *meinem* Plattenladen, dort habe ich über Jahre eine Unmenge an Geld ausgegeben, man will fast sagen: *Wir gingen jeden Samstag hin.* Was haben wir gelacht. Kurz bevor ich umzog, jedenfalls, kaufte ich eine Platte von The Clash, auf deren Cover nichts ist als ein schwarzer Schriftzug auf weißem Grund: *I FEEL FINE,* und als ich dann zum Bezahlen an meine Kasse zu meinem Verkäufer ging, fand ich das irre komisch, weil wir uns ja jetzt seit Jahren kannten und er ahnen musste, dass ich mich gar nicht so *fine* fühlte wie mein Kauf, diese Offensichtlichkeit des Humors drängte sich da einfach auf, ich wollte eine letzte Gag-Umarmung von diesem Typen, der bis heute behauptet, das erste Album der Smiths wäre 1982 rausgekommen, das alte Arschloch, *es ist vermutlich die letzte Begegnung mit ihm,* dachte ich, außer natürlich, *wir sehen uns irgendwann in der Zukunft in irgendeiner Kneipe,* dachte ich weiter, aber dieser Mann mit den kaputt gerauchten Händen und diesem Gesicht, das einem sagt, dass auf dem dazugehörigen Körper irgendwo ganz sicher ein verwaschener Anker tätowiert ist, geht natürlich nicht in dieselben Kneipen wie ich, also würden wir uns nie wieder sehen, und diese lustige Platte zu kaufen war mein feierlicher Abschied, und als ich sie auf der Theke rüberschob, sagte er einfach: *Die können Sie nicht zurückgeben, die ist reduziert.* Würde ich es drauf anlegen, wäre das sicher sehr vielsagend, ich möchte aber vor allem sagen: Das erste Album der Smiths ist nicht 1982 rausgekommen.

Dann der Balkon, der Balkon ist dieser Ort, wo man der Welt beweisen muss, dass man so oder so wohnt, jetzt schnell der einfühlsame Hinweis, das nötige

Klassenbewusstsein quasi, dass natürlich nicht jeder Mensch einen Balkon hat, das ist natürlich wahr, und das ist empörend, ich jedenfalls habe einen. Balkone sind eigentlich ja die spannendsten Räume, weil sich auf ihnen immer zeigt, wie ehrlich die Menschen sind. Auf Partys verliebt man sich konsequenterweise auf Balkonen, und während Trennungen passieren da die dramaturgisch relevanten Raucherpausen, wo die jeweiligen Verhandlungsparteien gerade so nachdenklich in die Ferne schauen, wie sie glauben, dass es der Sache diente. Das sind ja unterschiedliche Arten von Starren, wenn man will, dass es vorbei ist, oder wenn man nur will, dass der andere denkt, dass man will, dass es vorbei ist, damit er oder sie auf einmal diese Bewunderung spürt für die Klarheit und Unabhängigkeit dieses Menschen, mit dem er oder sie gerade noch Schluss machen wollte, und es sich dann doch anders überlegt, die Unterschiede zwischen diesen beiden Arten zu starren liegen in der Intensität mit der man den Blick abwendet und der punktuellen Vergnügtheit, wenn ein Vogel vorbeifliegt und so weiter, man kann viel Anstrengung investieren in das richtige Starren, das natürlich niemals jemanden dazu veranlassen wird, die letzten zwei Jahre zu vergessen und auf einmal wieder oder endlich irgendwas zu fühlen, was lange schon nicht mehr oder eben noch nie da war. Keine Ahnung, ob

Leute ohne Balkon auch Liebe haben. Das Gruselige an Balkonen ist, dass die Außenwelt draufschauen kann, in so einer Wohnung gelten streng genommen Regeln, die man selbst gemacht hat, Regeln darüber, wie teuer Kaffeepulver sein darf und wie viele Hotels man bei *Monopoly* auf seine Straßen bauen kann, auf den Balkon starrt aber die Welt und drängt einem diese allgemeingültigen Regeln für alles auf, nicht dass man sie einhalten muss, aber man muss wieder irgendwas beweisen, mit der Menge an winterharten Pflanzen, die man rechtzeitig zurückgeschnitten hat, wie lange man nach dem Frühstück die Butter noch in der Sonne stehen lässt, ob man einer dieser Menschen ist, der zwei Klappstühle rumstehen hat und ein Windlicht, das schon beim Einzug da war, es ist immer ein bisschen zu absichtlich auf Balkonen, das einzig Gute an ihnen ist vielleicht, dass Minimalismus auf ihnen nicht funktioniert, weil es einfach lächerlich aussieht, ein *minimalistischer Balkon,* all dieser Blödsinn, den man in seine puristische Wohnung reinerzählt, dass man *nicht so viel Ablenkungen* um sich rum haben kann oder *einfach wenig braucht*, wird auf dem Balkon entlarvt, *stell doch deine zwei beschissenen Schemel auf Deinen Besserverdienerbalkon und guck, wie die Welt darüber denkt,* es gibt keinen Unterschied zwischen Minimalismus und Kargheit außer dem Nettomonatsgehalt eines Menschen, Minimalismus ist vielleicht das Einzige, worauf Snobs aller Generationen sich einigen können, Minimalismus ergibt nur Sinn, wenn man später mal erbt, dann kann man rumbehaupten, dass so eine Kargheit in Wohnungen für Charakterstärke stehe, diese *kuratierte Cleanheit* und so weiter, es gibt so viele Fotos von Freischwingerstühlen vor leeren Schreibtischen und weißen Wänden, dass man sich schäbig fühlt beim Hinweis, dass Krempel der Knaller ist, dass die Abwesenheit von Bildern keine Person spannender macht, dass das kein *Purismus* ist, sondern einfach ungemütlich, es wäre ehrlicher, nicht von *Minimalismus* zu sprechen, sondern einfach von Reichtum, denn wenig haben ist ja nur geil, wenn man darauf hinweisen kann, welche Möbel man nicht hat und damit nicht braucht. Diese pseudoasiatische Futon-Kargheit, die Bilder, die *mit dem Raum* arbeiten, die Möbel sind entweder aus Stahl oder haben eine Geschichte, die in Deutschland ja meistens auch mit Stahl zu tun hat, alles kommt mit so einem Lavendel-Luftdiffuser-Schick daher, und jedes Möbelstück drängt sich auf und steht so leicht zickig rum, als wollte es, dass man sich im Vorbeigehen daran stößt, das kann man natürlich alles machen, aber man wird eben niemals dieses ständige Gefühl der Durchreise los, in dem man im nächsten Ausfallschritt eigentlich eine Reisetasche aus Echtleder packen und einen Flieger erwischen muss. Selbstdarstellung in geschlossenen Räumen, in die ohnehin meist nur die Menschen kommen, denen man öfter begegnet, ist so tüchtig, dass man es durchgehen lassen darf, weil es schon wieder eine ganz eigene Stufe von Profilneurose ist. Denn Menschen, die ohnehin wissen, wie man ist, durch die Abwesenheit von Dingen (Kissen, Sesseln, Kuscheldecken) zeigen zu wollen, wie man so ist, ist sehr rührend, als wüssten wir nicht alle, wie anstrengend die Tage manchmal werden und dass es schön ist, im *Vapiano*-Außenbereich-Fleecedecken gehüllt auf abwaschbaren Plastikstühlen auf einem Balkon zu sitzen, der behängt ist mit, ja, hässlichen, aber irgendwie eben auch lustigen Lichterketten, und dann Flaschenbier zu trinken und nicht komplizierte Rotweine mit dem und dem Abgang, es kommt einfach keine gute Laune auf, wenn man auf einem Industrial-Hocker sitzt und in die Stadt starrt und nicht weiß, was weniger peinlich ist, zu hoffen, dass die Nachbarn bemerken, wie man so wohnt, oder zu hoffen, dass sie es nicht bemerken. Auf Balkonen drängt sich die Welt auf, deswegen trennt man sich auf ihnen, deswegen ist es am besten, wenn man da einfach kurz zugibt, dass es anstrengend ist, ein *Konzept* für Wohnen und Leben zu haben, auf Balkonen muss so demonstrativ gegessen und geraucht werden, niemand setzt sich mit einer Portion doppelt gebackener Ente in Erdnusssauce auf den Balkon und isst die dann noch aus der Plastikverpackung, in der sie geliefert wurde, auf Balkone geht man zum Lesen und zum Avocadolöffeln, all die Sachen, die zu geil aussehen, um sie in der Küche zu machen, in der man ja mühelos eine Packung Gouda in Scheiben aus der Verpackung essen kann, ohne Angst zu haben, was die Welt darüber denkt, in Küchen passiert alles, was unter Beweis stellt, dass diese Idee, dass man selbst am besten sei, wenn man *authentisch* ist, großer Müll ist. Die ganze Lebensphilosophie *Sei einfach Du selbst* wird entlarvt, wenn man daran denkt, wie man Zeit in Küchen zubringt, mit dem zu kurzen Kochen von Nudeln, weil man nicht erträgt, noch zwei Minuten länger auf das Essen zu warten. In der Küche verschlingt man heimlich das leicht gummiartige Supermarktbrot aus der Plastiktüte, mit Margarine bestrichen und dem Ovomaltine-Brotaufstrich, weil man den Sozialstress nicht aushält, sich zwischen Nutella und Nudossi zu entscheiden, weil man verpasst hat, sich zu dieser Causa rechtzeitig eine nachhaltige Meinung zu bilden, man isst den vermutlich völlig falschen Brotaufstrich, und zwar jeden Morgen, und jeden Morgen frühstückt man so, wie alle behaupten, nicht zu frühstücken, hektisch mit dem Handy in der Hand, noch vor dem ersten Kaffee hat man sich schon drei Dutzend Meinungen aus dem

Internet ins Hirn geballert, man weiß noch nicht, ob das Langzeitfolgen hat, man ahnt es aber, so wie man ahnt, dass man in zehn Jahren Probleme mit dem Rücken haben wird. Vielleicht bald mal echt zum Stand-up-Paddling, das soll ja ganz toll helfen, man isst also kein Nutella und starrt auf sein Handy und sitzt völlig falsch, man bereitet sich auf den Tag vor, an dem man sehr tapfer Meinungen zu Kunstwerken und Viral-Videos haben muss, an dem man beantworten muss, wie man wen so findet, an dem man Schuhe trägt, die tendenziell zwar schön, aber nicht irre bequem sind, man bereitet sich auf diesen Tag vor, indem man mal für ein paar Minuten einfach schlingt und starrt und schlurft, es ist vielleicht der einzig richtig ehrliche Moment des Tages, vielleicht legt man deswegen entgegen besseren Wissens morgens nicht das Handy aus der Hand, um in die Zeitung zu schauen oder einfach mal kurz ganz bei sich zu sein, weil man sich doch meistens auf einen Tag vorbereitet, an dem man mal wieder anstrengend clever und überbordend interessant zu sein hat, was spricht da noch gegen Fettcreme mit Zucker auf Weißbrot, und danach das dreckige Geschirr nicht sofort in die Geschirrspülmaschine räumen, man erinnert sich kaum noch daran, dass man mal gehofft hat, irgendwann eine zu haben, meistens steht man morgens da, kocht Kaffee und hört Lokalradio, fühlt ein seltsames Gemeinschaftsgefühl, wenn Blitzer durchgesagt und Rechnungen von Hörern bezahlt werden, weil man dann endlich mal wieder das Gefühl der Gleichzeitigkeit erlebt, vor allem dann, wenn man gemeinsam mit einer ganzen Stadt kaum hörbar seufzend die Lautstärke runterregelt, wenn der Moderator wieder zu sprechen beginnt. In der Küche auf der anderen Seite aber dann auch das Inventar, das Leuten beweisen soll, dass man sich vorgenommen hat, in Zukunft wieder mehr zu kochen, ein aufgeschlagenes Backbuch auf dem Fensterbrett, das Tablett auf einer Vitrine, in der Gläser stehen, die eine Vorahnung über die in der Familie vorhandene Erbmasse geben, es stehen auch Teelichter bereit, Menschen wie ich salzen natürlich, aber wir benutzen Meersalz aus einem kleinen Glastöpfchen, das in der Mitte des Tisches steht, *das schmilzt so schön auf der Zunge,* sagen wir dann, darüber hinaus nahezu keine Gewürze, weil wir eben genauso deutsch sind, wie wir tun. In der einen Ecke fehlt noch etwas, also eine Stehlampe oder ein frecher Hocker, auf dem ein paar Bücher abgelegt werden können, Polaroids und Postkarten mit Sprüchen an der Wand, neben den Kühlschrank soll noch diese eine Fotografie von Helmut Newton, die mit den Strumpfhosen, aber man hat noch keinen passenden Rahmen gefunden, irgendwas ist in Pastell gehalten, die Türknäufe der

Schränke sind folkloristisch und nachträglich drangeschraubt, *Wahnsinn, was das ausmacht,* sagt man, wenn man es in fremden Küchen sieht. Das Besteck ist von miserabler Qualität, weil man ja weiß, dass man das *gute Besteck* der Eltern bekommt, wenn es so weit ist, die Teller sind schon nicht mehr von IKEA, immerhin. In diesen Küchen werden ab und zu Mehlspeisen zubereitet, manchmal, wenn Leute zuschauen, macht man ein kompliziertes Omelett, man will dann etwas beweisen, denn diese Küche wird wie jede Küche verlässlich mit Menschen gefüllt. Meine Freunde könnten an dieser Stelle liebevoll beschrieben werden, allesamt Platzhalter für charakterliche Lücken von mir, eigentlich nur da, um noch mehr über mich auszusagen, uns alle verbindet aber, dass wir fast mit einer Muslima befreundet sind, wir kennen sie aus dem Studium und gehen auch ab und zu mit ihr Kaffee trinken, und insgeheim ahnen wir, dass sie schlicht Besseres zu tun hat, als unsere Selbstdarstellung mit ihrer Anwesenheit zu unterfüttern. Auch egal. Wir rufen Freunde an, die dann eintrudeln, in meiner Küche rumsitzen, auf den vordersten Kanten der Klappstühle, andere auf den noch kalten Fliesen, alle in unterschiedlicher Lässigkeit, alle auf ihre Art Systemgewinner mit Markenjeans und Sneakern, auf Partys sind sie die einfallsreichsten und interessantesten Menschen, ich weiß das, ich habe diese Partys immer sehr gerne verlassen. Selbst wenn es eine unendliche Menge Millennials gäbe, wären sie im Durchschnitt immer noch die beste Wahl Mitmensch, die man treffen kann, zumindest statistisch gesprochen, man ist im obersten Viertel Menschheit angelangt, und es ist trotzdem noch nur unterdurchschnittlich spannend. Ihre jeweilige Haltung kann man im Internet nachlesen, meine ja auch, die der Frauen in der *Vogue* und die der Männer auf *reddit,* wir sind alle ein und dieselbe Person, und zwar völlig absichtlich, wir haben keine lustigen Hobbys und haben 2013 keine Kleidung ohne postironisches Moment getragen, wir interessieren uns nicht für Pferde oder Filme ohne künstlerischen Mehrwert, wir tanzen nur, wenn Leute zuschauen, wir lachen nur, wenn uns irgendjemand dabei hört, meine Freunde und ich konsumieren mit ein paar Nuancen Unterschied die gleiche Musik und haben die gleiche Haltung, wir mögen dieses eine Album von diesem einen Rapper, haben einen Sommer lang mal *RUN DMC* gehört, damit wir ohne Gesichtsverlust das T-Shirt dazu tragen konnten. Als wir dann unsere Körper nicht mehr so wichtig fanden, haben wir die ein bisschen tätowiert, erst mal nur klein, erst mal nur auf dem Oberschenkel, es hat nicht so weh getan, wie wir dachten, und wir haben es bis heute nicht unseren Eltern erzählt. Das meiste finden wir mindestens problematisch, die bestehenden Umstände, zum Beispiel, oder irgendein neues soziales Netzwerk, das Russland oder China gehört, wir reden dann wirklich über die Länder wie über Entitäten und sind dann sehr die Kinder unserer Eltern. Wären wir mutiger, hätten wir zumindest lustige Handyhüllen und bei der letzten Wahl die LINKE gewählt, wir sind uns im Nachhinein betrachtet alle nicht mehr sicher, ob die Hoodies mit den Europa-Sternen wirklich eine gute Idee waren, aber es gibt eben auch keine konkrete Masse Kritik, der gegenüber wir uns irgendwie verhalten könnten, ab und zu reden wir über Flüchtlinge und finden das so schlimm, dass wir sehr betroffen gucken. Alle Frauen in dieser Küche hatten mehr oder weniger intensive Essstörungen, die Nährwerte der wichtigsten Lebensmittel sind in ihre Hirne eingebrannt und nehmen in ihren Köpfen Platz weg. Überhaupt ist eine, wenn auch überwundene, Essstörung ein Zeitfresser, es bleiben Überreste, allein dass man darüber nachdenken muss, *wie* man sitzt, weil man soundso aussieht, wenn man soundso sitzt, in einem ganzen Raum voller Frauen wird irre stressig gesessen, die ganze Zeit, wenn man Glück hat, hat man nicht diese Angewohnheit, sich die Arme um den Bauch zu wickeln, als würde das die Anwesenheit von Bäuchen kaschieren, als wären Bäuche ohnehin nur ansatzweise so interessant, wie

Frauen gezwungen werden zu denken, noch nie habe ich eine Frau getroffen, die nicht nach vier Drinks doch angefangen hat, von ihrem komischen Körper zu erzählen, je gebildeter und beeindruckender, desto beschämter, macht endlich diesen *Stern*-Titel mit dem Geständnis von dreihundertvierundsiebzig berühmten Frauen: Ja, wir hassen unsere Körper manchmal. Es wäre klar bequem, jetzt zu sagen, dass Männer diesen Platz in ihren Hirnen für das Erreichen von beruflichen Zielen und so weiter, die denken aber bestimmt auch über was anderes nach, es ist sicher nur überhaupt nicht interessant, und natürlich gibt es auch weitere Geschlechter, will man jetzt sagen, weil es eben wahr ist, aber in den Küchen, die wie meine Küchen sind, sitzen eben nur Männer und Frauen, wir alle prangern die mangelnde Durchmischung sozialer Kreise natürlich an, aber ganz heimlich, wenn wir uns nur gegenseitig zuhören müssen, benutzen wir *Transvestit* und *Drag Queen* synonym, wir meinen es ja gut, wir haben außerdem genug auf *Netflix* geguckt über *Queerness,* natürlich sind wir Feministinnen, wir sind nur ein bisschen reicher als die, die den Feminismus erfunden haben, und das bedeutet ja erst mal nur, dass wir einsehen, dass die Welt gemein zu uns ist, nicht so gemein wie zu anderen, aber wir sind ja nicht Feministinnen geworden, um uns für die anderen zu interessieren. Überhaupt übertragen wir diese Denkfigur auf jedes, wirklich jedes Problem, meine Freunde und ich, wir denken, wir wären wirklich die Ersten, die diese Feststellung hinter sich gebracht haben: Das System als solches bedingt immer die bestehenden Umstände. Ein bisschen stolz stehen wir deswegen vor den bestehenden Umständen und wissen nicht, wohin mit uns, wohin mit dieser bahnbrechenden Erkenntnis, dass es das Klima gar nicht rettet, wenn wir Wattestäbchen ohne Plastikanteil kaufen oder unseren eigenen Kaffeebecher mit ins Café schleppen, ich und meine Freunde, wir haben jeder jeweils ein Dutzend Mehrweg-Kaffeebecher in unseren Küchen stehen, vergessen sie ständig, sie stehen auf den Spülen, unter denen vierzig Jutebeutel liegen, die wir in der Drogerie kaufen oder auf Berufsmessen mitnehmen, weil wir da einen *win* für die Umwelt sehen, wir kennen die Internetseiten, auf denen man nachlesen könnte, wie oft man einen Jutebeutel benutzen muss, damit er nicht mehr so schlimm ist wie eine Plastiktüte, aber wir wissen ja, dass diese Information auch nur ein Teil des Systems und damit ein bestehender Umstand ist, der Kapitalismus zwingt uns zu lächerlichen Jobs, damit wir in Wohnungen, die schon so viel schöner als die meisten Wohnungen und dennoch weiterhin eine Frechheit sind, vor uns hin warten können auf Beziehungen, die wir dann hinter uns bringen. Wir sehen uns als Opfer der Digitalisierungsgesellschaft, das heißt: irgendwas mit Robotern und unbezahlten Praktika, gleichzeitig würden wir niemals bei Primark einkaufen, weil wir behaupten, fast fashion zu hassen, dabei hassen wir nur arme Menschen, die bei Primark einkaufen müssen, wir kaufen lieber fast fashion in Geschäften, deren Zielgruppe geringfügig urbaner ist, wir schämen uns nicht, weil bestehende Umstände und so weiter. Die Männer sind natürlich auch Feministen, was erst mal gar nichts ändert an der Art und Weise, wie sie denken und sich verhalten, sie unterbrechen Frauen nur öfter, um ihnen Feminismus zu erklären, wir waren mit diesen Männern ja schon im Bett und wissen, dass sie nichts von Frauenrechten halten, meine Freunde und ich stehen also in Schockstarre vor dem Feminismus rum und warten drauf, dass uns irgendjemand vor den bestehenden Umständen rettet.

Meine Freunde und ich, wir tun so, als seien wir schockiert von irgendeinem postfaktischen Zeitalter, als hätte uns die Ära Trump *fassungslos* gemacht, ohnehin sind wir oft fassungslos oder auch unendlich traurig, wahnsinnig verletzt, immer dann, wenn man gut und gerne auch mal einen Gedanken fassen könnte, setzen wir an einen neuen Affekt an, wir fühlen da, wo denken angebracht wäre, wir ersetzen Argumente mit Emotionen. Meine Freunde und ich, wir wissen, dass man kein Fleisch essen sollte, aber wenn wir nur zwei Tage in der Woche in dieser Scheißwelt in diesem Scheißleben mal nicht arbeiten müssen, wenn wir Frauen unsere Körper ohnehin schon gehasst haben, seit wir unsere Bäuche anfassen konnten, dann ist das Mindeste, dass wir dann samstagabends auch mal Döner essen dürfen, wir sitzen dann fassungslos vor dem Fleisch, sind unendlich traurig, manche sind empört, mindestens eine weint. Unser ganzes Leben ist so, als würden wir kurz vorm Einschlafen einfach keine gemütliche Liegeposition finden.

Rührend wird es dann, wenn wir auf unsere Eltern treffen, meine Freunde und ich, weil unsere Eltern seit Jahrzehnten nicht mehr gefühlt haben, mit einem Nachkriegsstolz aufs Durchhalten werden desolate Familienverhältnisse wieder ganz geschwiegen, Väter, die nicht weinen, und Mütter, die nichts wissen wollen, die Traumata liegen auf der Straße, keiner hat länger als fünfzehn Minuten über sich selbst nachgedacht, *vielleicht hat es ja doch was mit mir gemacht, dass ich meinen Vater siezen musste*, dann wird sich hektisch auf irgendeine gute alte Zeit berufen, in der die Frauen noch heimlich abgetrieben und die Männer noch mit den Händen gearbeitet haben, alle können sie noch alle Strophen von Schillers *Glocke* auswendig, unsere Eltern, sie wussten ja nicht, dass man in ein paar Jahren alles Wissen würde nachschauen können im Internet, sie haben das Ansammeln von simplen Informationen noch zu einer Art Seinserfüllung gemacht, hätten sie stattdessen einfach ein paarmal bitterlich geweint, denken meine Freunde und ich, dann wären sie heute nicht geschieden oder schweigsam. Wir denken das mit der ganzen Arroganz, die wir aus unseren kleinen Millennial-Körpern generieren können, wir spüren ja die Verletztheit unserer Eltern, es macht uns fassungslos und unendlich traurig, wir alle haben da schon mit dem einen einfühlsamen Theaterwissenschaftsstudenten die ganze Nacht drüber gesprochen, dabei könnten wir die Zeit auch einfach für irgendwas nutzen, selbst Kinder kriegen – und es dann besser machen. Machen gewinnt immer gegen Nichtmachen.

Meine Freunde und ich, wir fühlen so gut, aber wir denken so schlecht. Die Erfindung dieser Logikschlaufe ist der einzige intellektuelle Akt, den wir hinter uns gebracht haben, nach der in einer Diskussion statt eines Arguments ein Gefühl folgen darf, das genauso ernst genommen werden muss wie ein Argument. Fassungslos sind meine Freunde und ich, wir wissen, dass wir nur die Fehler unserer Eltern überkompensieren, wir fühlen für die letzte Generation mit, die alles und jeden lächerlich macht, nahezu jede Hautfarbe, alle Geschlechter bis auf zwei, alles, was links von der CDU steht, alle, die es damals eben doch ein bisschen schlimm fanden, meine Freunde langweilen mich schon, ehe ich ihnen ein Getränk angeboten habe.

Meine Freunde und ich, wir wissen, wie das ist, jemanden zu lieben und trotzdem immer wieder diese kurzen Momente des Sekundenschlafs zu erleben, in denen man den Menschen, den man liebt, kurz so sieht, wie alle anderen ihn wohl sehen müssen, also: immer noch okay, aber eben nicht so sagenhaft, wie man sich das in den meisten Fällen eingeredet hatte, es sind kleine Blitze von Akut-Entidealisierung, man ahnt, dass man nicht auf dem richtigen Weg ist oder vielleicht doch, vielleicht ist man auf dem richtigen Weg, aber vielleicht ist nicht alles an dem Weg großartig, und na ja, so geht es meinen Freunden und mir auch mit *political correctness.* Wir wissen, dass wir das Richtige tun, wenn uns fremde Leute zuhören oder die, die uns im Internet verpetzen können, wir reden so, wie das Internet es gerne hat. Wenn wir allein sind, in einer Küche, die Finger an den Bierflaschenetiketten und im heißen Kerzenwachs des Teelichts in der Mitte des Tisches, reden wir halt so, wie Leute reden, die vor allem keinen Ärger wollen, darüber hinaus aber wenig Moral haben, meine Freunde und ich sind im Prinzip noch schäbiger als Erbschleicher, wir bereichern uns nicht an den Stadtrandvillen von dementen Damen, sondern am Image von denen, denen wir unsere *political correctness* schenken, und, klar, wissen wir, dass es eigentlich besser ginge, und, klar, wäre es wünschenswert, es immer durchzuhalten, aber wir brechen uns eben auch schon arg einen ab und ziehen dann irgendwann recht willkürlich eine Grenze, nämlich da, wo wir jetzt gerne in Ruhe Bier trinken und wie unsere Eltern reden wollen. Mein ganzes Leben mit meinen Freunden ist eine einzige Angst vor dem Moment, in dem man einen Witz macht und jemand sagt, *das finde ich aber nicht mehr lustig.* Man kann sich eigentlich bei nichts mehr sicher sein, eigentlich tut nur noch alles weh.

Meine Freunde sitzen als anonyme Masse Erwartungshaltung rum, neben ihnen eine dieser Kisten im Raum, die nach Umzügen eben so rumstehen, ein bisschen Unrat, Schrauben und Jutebeutel, für die man noch keinen richtigen Platz gefunden hat. Meine Freunde sind nicht konfliktscheu, meine Freunde finden ganz im Gegenteil alles *problematisch.* Ich und meine Freunde, wir legen ständig in Gesprächen unsere Köpfe schräg und lenken das Thema in eine andere, eine unangenehmere Richtung, wir sagen nachdenklich *hmmmmmmm* und dann, *ich weiß nicht, ob ich das so sehe,* meine Freunde und ich haben meistens recht, wir sind dann nur keine gute Gesellschaft. Rechthaben ist ja ohnehin ein echter Stimmungskiller, man könnte es meinen Freunden und mir als Charakterstärke auslegen oder als Kampfwillen der Welt gegenüber, in Wahrheit hat es bestimmt auch wieder nur mit unseren Eltern zu tun und nicht mit Mut. Wenn ich meine Freunde ansehe, wie sie jetzt in meiner Küche rumsitzen wie das Pressefoto eines Debattierklubs und die Möbel anpacken und die glatten Oberflächen der Einbauküche mit ihren fettigen Fingern matt patschen, wie sie nah an gerahmte Fotos herangehen, um Details erkennen zu können, und wie sie vorwurfsvoll auf Antiquitäten sitzen und in Zeitschriften blättern, die sie auch mal abonniert hatten. Sie sitzen in meiner Küche, und bevor ich Bier aus dem Kühlschrank holen konnte, betrachten sie kollektiv ein Foto an der Wand, ein Pressefoto von Billie Eilish, ich sehe ihren schräg gelegten Köpfen und ihren verzogenen Mündern an, welche Debatte sie jetzt gleich nachspielen, sie sind wie Mittelstufenschüler, die in Mathe gerade Funktionen gelernt haben und sie zum ersten Mal anwenden dürfen, man könnte das *Zurschaustellen* einer so jungen Frau *problematisch* finden, Stichwort Deutungshoheit, Stichwort Selbstbestimmung, extrem wichtige und irre langweilige Wörter, die aber so richtig und wahr sind, dass sie immer fallen müssen, wenn man es ernst meint. Ehe ich Nüsschen aufmachen kann (vielleicht möchte jemand Nüsschen), läuft schon die betont lässige Diskussion über meine sexuelle Orientierung, *vielleicht steht sie auch auf sie,* als wäre ich nicht da, als wüssten nicht alle, dass ich so heterosexuell bin wie schlecht sitzende Jeans, natürlich der kritische Einwand, dass Sexualisierung immer ein Gewaltakt sei, *wer hat das geschrieben,* frage ich sehr wütend, ich werde immer wütend in diesem Freundeskreis, so was gibt es immer, das muss wirklich passieren, dass einer nach Belegen fragt, als wäre das keine Freundschaft, sondern ein Proseminar. Wir sind so eifrig, und wir alle suchen uns keine anderen Freunde, weil alle in unserem Alter so eifrig sind, egal, in welcher Wohnung man sich zum Kochen verabredet, irgendwann fällt das Wort *Körperlichkeit,* dann kollektives Ausatmen, weil das ja nun wirklich so ein Streber-Wort von 2008 ist, als müssten noch die Grundlagen geklärt werden, als hätten wir nicht alle alles parat.

Heute in meiner Küche ist einer dabei, mit dem ich nicht befreundet bin, der Bekannte einer Bekannten oder so, Jurist, dem T-Shirt nach zu urteilen ein normaler Mensch, er trägt diese Transit-Lederschuhe, die junge Männer tragen, die planen, bald seriös zu werden, keine Turnschuhe mehr, aber auch noch keine echten Anzugschuhe, *die ziehe ich auch auf Par-*

tys an, man sieht den Schuhen an, dass er noch Ziele hat, *toll,* denkt man dann, *diese Schuhe werden Dich weit bringen,* er wird in Anwaltskanzleien sitzen oder in Staatskanzleien, solche Männer landen auf alle Fälle in Kanzleien, und es freut mich für sie, gerade aber sitzt er noch resigniert in meiner Küche und guckt in sein Bier, denn in seinem Bier sagt niemand *Körperlichkeit,* er zwängt sich das recht beständig rein, wird schon wissen, was er tut, jetzt guckt er auf und uns an: *Ist es nicht ihre Entscheidung, was für Bilder sie aufhängt?,* fragt er, wir schauen ihn mit diesem antrainierten Pseudo-Respekt an, den normalerweise nur CDU-Politiker können, wenn in Talkshows eine Pflege- oder Putzkraft aus dem Publikum in einem Wortbeitrag mal Klartext redet, mit einer Tagespunkteifrigkeit also wird da aufmerksam zugehört, weil alles andere schlecht für unser Image wäre, und natürlich hat dieser Juristensohn auf einer Ebene recht, auf einer anderen allerdings sitzt er gerade in meiner Küche und soll schlicht sein Maul halten und uns weiter über problematische Körperlichkeit reden lassen, denn am Ende geht es ja gar nicht um das Bild konkret, wir reden ja auch *ganz grundsätzlich,* schließlich dann der Vorschlag, ich könne es hängen lassen, und falls ich mich irgendwann unwohl fühlen sollte, könnte ich es ja wieder abhängen, *Wahnsinn,* sage ich, *genauso mache ich es,* dabei stelle ich mir das in Wahrheit schon wieder irre stressig vor, morgens in die Küche zu kommen und erst mal in mich reinhören zu müssen, wie ich mich heute mit dem Bild und meiner Körperlichkeit und so weiter fühle, ich möchte eigentlich nur in meiner Einbauküche stehen und mich an meiner eigenen Strukturstärke erfreuen.

Manchmal wünsche ich mir, dass ich ehrlich besser als meine Freunde wäre, aufrichtiger und ernsthafter in meinem Versuch, kein komplett verwöhntes Mittelstandsgirl zu sein, denn dann könnte ich sie wenigstens wirklich hassen, dann hätte ich eine Haltung, auf die ich mir etwas einbilden könnte, so, wie es gerade ist, passiert nichts anderes, als dass wir uns gegenseitig in unserer Langweiligkeit radikalisieren, und in diesem Moment spüre ich so eine Vitaminmangel-Erschöpfung, weil ich weiß, dass meine Freunde schon die lustigsten Menschen sind, die man finden kann, aber es reicht einfach nicht, weil jedes Argument genau so in Parallelküchen schon gebracht wurde, es sind nicht die Leute in meinem Alter, die so reden, es sind die Leute, die so aufgewachsen sind wie ich und in der Uni die gleichen Gedanken hatten, maximale Kohortenlangweiligkeit einfach, meine Freunde sind Menschen, die auch vorwurfsvoll in den Kühlschrank gucken, sie meinen das nicht böse, sie kriegen es nicht aus ihrem System, wir stehen vor geöffneten Kühlschränken in

Wohnungen von Freunden und finden es *schade,* dass heute überhaupt noch jemand Kuhmilch kauft und so weiter, und jedes Mal, wenn das ausgesprochen wurde, hängt so eine Sorge im Raum, ob man jetzt wieder diese obligatorische Debatte darüber nacherzählen muss, dass *viele Leute sich keine Hafermilch leisten können,* wir stehen dann sehr sozialdemokratisch vorm offenen Kühlschrank rum, ja, auch das wird heute noch passieren, sie werden vor meinem Kühlschrank rumstehen und Bock auf Käse aus Kuhmilch haben, *aber jetzt sind wir ja betrunken,* ich möchte sie alle rausschmeißen, traue mich aber nicht, weshalb ich es so mache wie Achtjährige, die vom Besuch der Großeltern genervt sind, ich lege mich auf die Sitzbank am Esstisch und warte darauf, dass sie meine schlechte Gesellschaft leid sind.

Ich bin wie meine Freunde, und ich kann sie alle nicht ausstehen, ich habe das Gefühl, jedes Gespräch mit ihnen mindestens schon einmal geführt und mehrmals gefühlt zu haben, nie hat es mir irgendwas gebracht, ich wohne in einer Wohnung ohne Gemütlichkeit, in einer Straße, die ich nicht kenne, in einer Stadt, die vor fünfzehn Jahren vielleicht mal ein Versprechen war, ich wäre gerne vielschichtig, mein Bücherregal besteht zur Hälfte aus problematischem Dreck, jede Woche fische ich den *New Yorker* der vorletzten Woche aus meinem deutschen Briefkasten, und nie lese ich ihn, was vielleicht sogar ein Beweis ist für meine psychische Gesundheit, denn wieso sollte ich lesen, was in einem Magazin aus einer Stadt eines anderen Kontinents vor zwei Wochen über die Neueröffnung eines Restaurants steht, das ich nie besuchen werde, wieso ist es mir dennoch so wichtig, das Magazin zu abonnieren, wieso machen es meine Freunde genauso, meine Freunde, die jetzt gerade vermeintlich wohlwollend in Aufbruchstimmung sind. Es ist sicher schwer, uns zu lieben, denke ich, als ich ihnen dabei zuschaue, wie sie im Flur stehend Jacken und Schuhe anziehen, Leute in unserem Alter haben ja den Ruf, ganz anders zu lieben, ganz andere Beziehungen zu führen, so wahnsinnig innovativ und freiheitlich zu sein, dabei sind wir ja noch die letzten Spießer, die es vielleicht geben wird. Als wir groß geworden sind, war *Scheidungskind* noch diese sehr genaue Mischung aus Beleidigung und Zustandsbeschreibung, wir hatten das ja noch nicht, Eltern, die uns bewiesen haben, dass man mehr tun kann, als gemeinsam viel zu glücklich oder komplett unglücklich zu sein, kein Wunder, meine Freunde holen ihre Schals aus ihren Jutebeuteln und Rucksäcken, keiner von uns hat jemals innovativ geliebt, ganz im Gegenteil, wir sind eingeklemmt in Generationen, die alles schon viel klüger verhandelt haben als wir, wir sind ja noch zu jung zum Geschiedensein und Kinder-in-getrennten-Haushalten-Großziehen und dabei wahnsinnig erwachsen sein, wir sind zu alt, um in solchen Haushalten groß geworden zu sein, wir stehen leicht beschämt dazwischen und sehen, wie die ersten Teenie-Mädchen jetzt schon total klarkommen mit den Nestmodellen, in denen sie so leben, meine Freunde und ich, wir gehören zu der letzten Generation, die noch gelernt hat, dass man einfach sehr monogam in den Arm genommen werden möchte, für immer, nicht mal eine sexuelle Revolution haben wir hingekriegt, denke ich, als ich die Haustür aufschließe und meine Freunde rauslasse, die aufbruchbereit und eifrig rumstehen wie eine kleine Gewerkschaft. Ich lächle gequält und fühle mich wie ein Großgrundbesitzer kurz vor der Herzkranzgefäßeerweiterung und schiebe sie alle nacheinander raus, sie streicheln meine Oberarme und Wangen, als würde ich gerade eine harte Phase durchmachen. Nicht mal Liebe haben wir neu definiert, denke ich, als sie rausgehen. Aber wenigstens sind das unsere Eltern schuld.

Nach Beerdigungen darf man in der Regel erwarten, dass Freunde einem in regelmäßigen Abständen Gratin-Gerichte vorbeibringen, wenn meine Freunde endlich meine Wohnung verlassen haben, fühle ich mich aber auch, als wäre jemand gestorben, und wen ich dann anrufe, weiß ich wirklich nicht. Nach den großen Erwachsenengesten, dem Mitbringen einer guten Flasche Wein, dem gründlichen Reinigen der Badezimmerfliesen, dem Wegbringen des Altglases, stellt man sich doch zwangsweise immer die Frage, ob man das richtig gemacht hat und ob alle anderen, die den Müll runterbringen und ihr Pfand unter der Spüle sammeln und im Weinladen *noch schnell einen Italiener holen,* insgeheim auch diese komische Hochstapler-Leere fühlen, weil man sich davon wirklich mehr erhofft hat, Erwachsensein zu spielen, und man weiß ganz genau, dass man an irgendeinem Punkt mal einer von diesen Menschen werden wollte, der Leute zu sich nach Hause einlädt und eine leckere Pasta kocht, und niemand hat einen darauf vorbereitet, dass nur der kurze Moment, wenn es an der Tür klingelt, und dann vielleicht noch der Moment, wenn man sich viel später ins Bett legt, dass diese Momente das einzig Gute an so einem Abend sind, zwischen diesen beiden tollen Momenten des Alleinseins ist es Anstrengung und der Tisch voller Krümel, und wenn es ausnahmsweise mal keine Anstrengung ist, ist es so schön, dass man weiß, dass die darauffolgenden Abende sicher nicht mehr so schön werden, *irgendwas ist also immer,* denkt man und wischt Arbeitsflächen ab und trinkt Gläser aus, im besten Falle die eigenen, fragt sich, ob man jetzt ernsthaft wieder einer dieser

Menschen sein muss, die sich als Einzige unverstanden fühlen, obwohl man insgeheim sehr sicher ahnt, dass alle, wirklich alle, nach so einem Abend in ihrer Küche zwischen dem Müll stehen, den ihre Freunde hinterlassen haben, zerdrückte rote Gauloises in meiner Lieblingstasse, zusammengedrehte Sektagraffen, und das kann doch wirklich nicht die Sache sein, für die alle länger aufgeblieben sind, im Fernsehen sah das besser aus, stattdessen die Teller mit den restlichen Brotchips in den Kühlschrank stellen und noch mal drüber nachdenken, was zur Hölle die da sollen, sich dann fragen, wer heute an welchen Stellen unerträglich war, ob die anderen das alle gerne machen oder ob alle, wirklich alle, nur so tun, als würden die meisten Sachen, die sie tun, irgendwie Spaß machen. Ich kannte mal einen Mann, er kam mir die meiste Zeit verdächtig vor, seine Körperhaltung war eher linkisch, er schien darunter aber nicht zu leiden, er schien es nicht mal zu bemerken, fast so, als hätte man mir nie gesagt, dass ich X-Beine habe, er ging völlig unbehelligt von seiner für alle offensichtlichen Eigenartigkeit durch die Welt, und dieser Mann saß mal neben mir auf einer Hollywoodschaukel auf einem Sommerfest der Universität, zu dem alle eingeladen waren, die jemals die Tafel geputzt oder den Lehrstuhl geleitet haben, was eine soziale Variante von russischem Roulette war, weil man nicht automatisch wusste, zu wem man nett sein musste, wenn man charakterschwach und leistungsorientiert war. Auf der Hollywoodschaukel saßen der Mann und ich in der Endsemesterhitze und tranken Wassermelonenbowle, ein Getränk, das ausschließlich für diese Anekdote erfunden wurde, und er erklärte mir, dass er versuche, einfach so viel Spaß wie möglich im Leben zu haben. Er sagte das mit großer Ernsthaftigkeit, er bewegte sein Gesicht dabei nicht und schaute nach vorn, *darum geht es doch, oder, so viel Spaß wie möglich haben,* und auch wenn ich mir gewünscht hätte, dass wir uns am Ende dieser Unterhaltung küssten, machte die Wassermelonenbowle uns nicht betrunken genug, und ich ging noch vor dem Einbruch der Dunkelheit zurück in meine Wohnung, die nicht so schön war wie die Wohnung, in der ich jetzt stehe und versuche, die Überreste meiner Freunde stoßzulüften. Die Wohnung war winzig und schäbig, und da kommt jetzt keine Moral über Materialität und Bedürfnisse, die Wohnung war winzig und schäbig und ich war in ihr natürlich nicht genauso glücklich wie in der neuen, der teuren, der obszönen Wohnung, für die ich über Studienabschlüsse und Ehen steigen musste, um sie zu bekommen, aber auf dem Weg in die alte Wohnung dachte ich darüber nach, was der Wassermelonenmann gesagt hatte, und dass es so eine Einfachheit hat, dass Sachen einfach mal Spaß machen sollen, und ich war glücklicherweise meilenweit davon entfernt, mir die Schuhe auszuziehen oder nackt im Fluss schwimmen zu gehen oder so einen Scheiß, aber ich lief weiter und dachte darüber nach, was mir Spaß macht, was den Leuten Spaß macht, wie man viel zu wenig Spaß hat, immer höchstens auf so einen Abend hinarbeitet, der damit endet, dass man in einer Küche steht und den Dreck von den Wohlstandsverwahrlosungssneakern der eigenen Freunde wegkehren muss, denn solche Abende gab es ja damals schon, diese großen Erwachsenengesten, die damit enden, dass man schmuddelige Teller in die Spüle stellt, und auch damit, dass man sich fragt, ob das jetzt wirklich das Leben ist, für das man in neue Städte zieht und im Büro freundlicher als nötig ist zu den Leuten, um ein paar Freunde zu finden, aber dann erinnert man sich daran, dass das alles vermutlich ein Investment ist, damit man in ein paar Jahren an die wundervollen Momente denken kann, die man damals hatte. Damals dachte ich wahrscheinlich an Küsse im Regen und so einen Quatsch, Festivals, um endlich mal wieder Dosenbier mit Fremden zu trinken, einen Menschen lieben, der eine absurde Vorliebe für die Band *Death Cab for Cutie* hat und jedes Jahr am ersten Januar dieses eine Lied laufen lässt, sich eine Seite vom Kopf rasiert, und das entweder rebellisch oder modisch finden. Den Eltern heimlich zwanzig

Euro aus dem Geldbeutel klauen, eine halbe Flasche von irgendwas trinken, was man dann nie wieder trinken kann, Karaoke. Ein Auswärtssieg des SC Preußen Münster. Die erste große Liebe. Daran denkt man, glaube ich, nicht daran, dass man die meiste Zeit Küchen aufräumt oder daran denkt, wie man es früher schon ganz genauso gemacht hat, es geht nie darum, dass man die feuchten Papierknubbel, die irgendein Arschloch aus den Bierflaschenetiketten gedreht hat, nicht mehr aus den Rillen des Holztisches rausbekommt, dass man da dann allen Ernstes mit einer Pinzette in der Küche steht, um die Reinlichkeit des Raums aufrechtzuerhalten, nie erzählt man von diesen Momenten, in zwanzig Jahren, wenn es um den *Spaß der Jugend* geht, dabei habe ich jetzt gerade mit dieser Pinzette genauso viel Spaß wie mit meinen Freunden davor. Die Momente zwischen den tollen Geschichten passieren eben viel häufiger, man sollte sich einfach an sie gewöhnen, das Ganze nicht im Regen geküsst werden, sich Konzerttickets nicht leisten können, nicht auf Partys dürfen, in eine völlig falsche Stadt ziehen zu einem völlig falschen Menschen, und es bereits im allerallerersten Moment insgeheim wissen, aber im neuen Treppenhaus sitzend denken, *na ja, jetzt ist es auch zu spät, jetzt verschwende ich lieber ein paar Jahre meines Lebens, um nicht blöd dazustehen, so eine Hochzeit ist ja auch ein schönes Fest, ich kann ja immer noch ausziehen, irgendwann,* und danach wird sicher alles besser. Eltern, die sterben. Freundschaften, die enden. Erfahren, dass es Leute gibt, deren Eltern nie zwanzig Euro im Portemonnaie hatten, die man hätte klauen können. Man popelt wahrscheinlich einfach Papierknubbel aus Holzrillen des eigenen Küchentisches, bis man in Rente geht.

Ein paar Wochen nach dem Sommerfest traf ich den Wassermelonenmann an einem Kopierer des Campus wieder, wir redeten über unsere Kopien, und er erzählte mir, dass er über ein kompliziertes statistisches Verfahren promoviere, er könne sich nichts Schöneres vorstellen als Statistik, sagte er, und ich fühlte mich um meine Definition von Spaß betrogen, ich hatte plötzlich Sorge, dass das Wort etwas anderes bedeutet, als ich mein ganzes Leben lang dachte, es gibt doch Kinder, die Farben anders sehen, die ihr Leben lang Rot für Gelb halten, weil sie es an irgendeinem Punkt falsch lernen, weil ihre Eltern sie nicht vehement genug berichtigen, *vielleicht,* dachte ich in diesem Moment an diesem Kopierer, *ist mir das Gleiche mit Spaß passiert,* vielleicht ist es eine völlig andere Sache, vielleicht meint Spaß das Gefühl, das man hat, wenn man in Statistik promoviert oder wenn man auf den Knien unter dem Esstisch versucht, die Kränze eines getrockneten Bierflecks wegzubekommen, oder wenn man halb leere Flaschen in den Ausguss kippt und schon am zweiten Abend in einer neuen Wohnung den Zustand erreicht hat, dass man denkt, *ich muss bald das Altglas wegbringen*, vielleicht ist das alles hier Spaß, und ich verstehe gar nicht das Leben, sondern nur ein paar Wörter falsch. Ich wische die Krümel vom Tisch und stelle leere Flaschen an diesen Ort, von dem man am Anfang noch denkt, dass sich die leeren Flaschen da ja nicht sammeln werden, weil man ein neuer Mensch ist, der einmal in der Woche das Altglas wegbringt, in wenigen Wochen wird meine halbe Wohnung nur noch aus leeren Flaschen Söhnlein Brillant bestehen, aber auch egal, *das ist bei all meinen Freunden so,* denke ich, und dann denke ich gleich wieder an meine Freunde, an meine anstrengenden Freunde, die durch Straßen laufen, als hätten sie niemals darüber nachgedacht, dass ihnen die Welt vielleicht doch nicht gehört, man muss ja ohnehin aufpassen, dass man nicht zu viele besondere Freunde hat, sonst wird es schnell sehr einfühlsam und angestrengt.

Ich bin zum Beispiel mit einem Mädchen befreundet, es ist zwölf Jahre alt, und man muss sich da schon große Mühe geben, dass es nicht so eine demonstrative Freundschaft wird, die binnen weniger Wochen zu einem Drehbuch für einen Film mit Emma

Schweiger gemacht werden könnte, das Mädchen ist in der Phase der anstehenden Pubertät, in der es von der Existenz seiner eigenen Hände und Füße überfordert ist, sie zieht gewissermaßen alles, was an ihrem Körper so hängt, eher widerwillig hinter sich her, das Schlimmste ist für sie Stehen, weil die Abwesenheit der Bewegung einen Ort für die Arme verlangt, im Moment wickelt sie ihre wirklich fürchterlich langen Arme am ehesten um ihren kleinen Kinderbauch, *mach ruhig,* denke ich, *bald ist der Kinderbauch nämlich ein Teenagerbauch, und dann gehört er nicht mehr ganz Dir selbst, halt ihn, solange Du kannst.* Das Mädchen wächst sehr in der Zeit zwischen unseren Treffen, ich würde ihr das niemals sagen, weil ich dann auch nur einer dieser alten Menschen wäre, der glaubt, kommentieren zu dürfen, wie ein junger Mensch in der Welt rumsteht, das würde nur zu noch mehr Armewickeln und Unsicherheit führen. Es sieht immer mehr aus wie seine Mutter, glaube ich zumindest, ich habe die Mutter nie gesehen, den Vater auch nur einmal, sie beide finden es wahrscheinlich eigenartig, dass eine erwachsene Frau mit einem zwölfjährigen Mädchen befreundet ist, wäre ich ein Mann, wäre das völlig undenkbar, als Frau gehe ich noch als lässige Tante durch oder als Schwesternersatz, denn in dieser Scheißstadt gibt es natürlich nur Einzelkinder, die nie Jeansjacken auftragen und Esstische abräumen müssen, die ganze Kindheit ein einziges Privileg und trotzdem auch nur die Vorbereitung auf ein Leben lang charakterliche Verwahrlosung, sie und ich, wir haben uns beim Schaukeln kennengelernt, auch das klingt anzüglich, Ich lungere nicht, ich sage es noch mal: ich lungere nicht auf Spielplätzen herum, es war Hochsommer und noch hell, aber schon viel zu spät für echte Kinder, um auf dem Spielplatz zu sein, also ging ich schaukeln und fühlte mich wie ein erschöpfter Elternteil, der erst so richtig zum Essen kommt, wenn alle Kinder im Bett sind. *Endlich schaukeln,* dachte ich, als plötzlich das Mädchen vor mir stand. *Spielplatz ist für Kinder,* sagte sie, *um die Uhrzeit dürfen Kinder nicht mehr alleine raus,* sagte ich. *Papa ist nur schnell Eis holen,* sie deutete mit dem Kinn zu der Eisdiele auf der gegenüberliegenden Straßenseite, und sofort hatte ich den Geruch des Gartenfests in der Nase, das die Familie dieses Mädchens da ganz offenbar gerade feierte, überall hingen Lampions, die Kinder der Nachbarschaft waren mittags auf irgendeine Wildbienenwiese geschickt worden, um Blumensträuße zu pflücken, die Blumen wurden dann *so, wie sie sind* in alte Weckgläser gestellt, als wäre es eine besondere Art der Zuwendung, die Kinderarbeit nicht nachzujustieren, die Väter standen am Grill, aber eher ironisch, aus Geschlechtergründen, es gab Feta in Alufolie und später eine Schokotarte, *sündig, aber authentisch,* und die Kinder bekommen jetzt noch schnell eine Runde Eis von der Artisanal-Eisdiele, ehe sie in einer Stunde mit dreckigen Knien und müde gespielten Rücken ins Bett gehen müssen. Die Pinterestigkeit der ganzen Szene in meinem Kopf drängte sich auf, ich hatte plötzlich das Bedürfnis, dieses Mädchen mit den verschränkten Armen und den Pausbäckchen in die Arme zu schließen und sie zu trösten, *da draußen gibt es eine Welt mit marinierten Nackensteaks und Gewürzketchup, wenn Du alt genug bist, kannst Du sie kennenlernen,* wollte ich sagen, stattdessen lobte ich ihre Turnschuhe, wir haben ein wenig über die besten Dinosaurier gesprochen, waren aber unterschiedlicher Meinung, ich war etwas despektierlich gegenüber Brontosauriern, und sie schaute deswegen kurz auf ihre Füße, ich lenkte das Gespräch dann darauf, wieso Sechsjährige so babyhaft sind, als ihr Vater zu uns kam, wirkte ich wohl nicht wie eine verrückte Lady, weshalb sie und ich uns auf *Instagram* adden durften, ein paar Wochen später trafen wir uns zum Bolzen.

Jetzt steht das Mädchen in meinem Esszimmer, vor dem gedeckten Tisch, die Arme wieder so mitleidserregend verschränkt, schaut sich um, starrt eine Wolfgang-Tillmans-Fotografie an, *ein Junge in der Schule hat auch grüne Haare,* sagt sie, betont cool, als sei sie es gewohnt, im Getto zu leben, dann schaut sie sich weiter um, schaut sich die glatten Oberflächen an, starrt auf das Bücherregal, der *Zauberberg* macht nichts mit ihr, zum Plattenspieler sagt sie, dass Papa auch so einen habe, jetzt steckt sie die Hände in die Taschen ihres Jeansrocks, eine neue Lässigkeitsgeste, die sie wahrscheinlich aus *Riverdale* hat, dann schaut sie mich an. *Ich finde es richtig scheiße hier,* sagt sie, und ich glaube es ihr sofort. Ich schaue mich um in meiner Wohnung, alles hart sortiert, jeder Gegenstand kuratiert, und es leuchtet mir sofort ein. Es ist richtig scheiße hier. *Ich habe Spaghetti bolognese gemacht,* sage ich, um in die Küche gehen zu können. *Ich esse seit einer Woche kein Fleisch mehr,* ruft sie hinterher, das Selbstbewusstsein in ihrer Stimme wird begleitet davon, dass sie von einem Fuß auf den anderen trippelt. *Doch, doch, heute isst Du Fleisch,* sage ich und schütte die Nudeln im scheiß Spülbecken meiner scheiß Küche ab.

Hast Du irgendwas Lustiges hier, fragt sie, unsere Wangen sind warm wegen der Kohlenhydrate, das Mädchen hat die Gabelspitze in die Bolognese gehalten und probiert, war aber traurig wegen der Schweine, die gestorben sind, ich musste ihr dann erklären, dass ich Rinderhack benutze, *und Rinder sind ja wirklich nicht so süß, oder,* sagte ich mit Nudeln im Mund, sie ging dann in meine Küche und holte sich Ketchup.

Ich könnte jetzt wie so ein Erwachsenenarschloch fragen, was sie denn unter lustig *verstehe*, aber natürlich weiß ich ganz genau, was sie meint, und ich weiß, dass ich nichts dahabe, nichts, was sie begeistern kann oder was ich ihr begeistert zeigen kann, nichts, was nicht gesammelt und nicht reflektiert wird. *Mein Nachbar sieht aus, als hätte er* Scrabble, sage ich und stehe auf, ich habe ihn beim Müllwegbringen gesehen, er ist ungefähr sechzig Jahre alt und riecht nach *Old Spice,* sehr höflich und gepflegt, in ein paar Jahren, wenn er nicht mehr so beieinander ist, wird es ihm passieren, dass er morgens aus Versehen ausschließlich senfgelbe Kleidung anzieht, die senfgelbe Cordhose, die ihm seine Frau vor ihrem Tod bei *Otto* bestellt hatte, die ihm eigentlich nie so gut gefallen hat, weil er seine Kleidung lieber in inhabergeführten Schneidereien kauft, weniger wegen der Qualität – der Breitcord zwischen den Beinen ist so oder so in wenigen Jahren durch –, sondern wegen des Status, den er immer noch haben will, Menschen aus gutem Hause kaufen nicht bei *Otto,* seine Frau wiederum fand diese Regel albern und nicht nachvollziehbar, kam selbst aber auch nicht aus gutem Hause, ein ewiger Konflikt in der Ehe, der aber natürlich nie angesprochen oder gar ausdiskutiert wurde, *Guten Tag, ich bin die neue Nachbarin, kann ich mir zufällig* Scrabble *von Ihnen leihen,* ich stehe in seinem Türrahmen und lehne mich sonderbar lässig an der Zarge an, als wäre ich der James Dean der Rätselspiele, er nickt, immerhin habe ich eine zivile Forderung gestellt, geht in sein Wohnzimmer und kommt mit einem abgeschlagenen Karton wieder, *ich habe nur das,* sagt er und gibt mir einen Vorwende-Karton eines Wortsuch-Spiels, er gibt es mir ohne jede Spur von Verzweiflung, die Rentner meist haben, wenn sie die Option sehen, sich in menschlichen Kontakt reinzuquengeln, sondern so, als hätte er heute noch Besseres zu tun, als wäre er froh, wenn ich ihn nicht weiter stören würde, ich nehme das Spiel, gehe zurück zu dem Mädchen, das meine Wohnung scheiße findet, *das ist ungerecht, Du kennst viel mehr Wörter als ich,* sagt sie in diesem gespielt-gespielten Jammerton, der so tun will, als wüsste sie, dass es ein bisschen egal ist, wenn man nicht gewinnt, aber insgeheim ist sie eben noch zwölf Jahre alt und findet es wirklich wahnsinnig ungerecht, *ich bin siebenundzwanzig Jahre alt und Du bist zwölf, in welchem Spiel wäre ich nicht besser als Du,* frage ich sie, während ich auspacke. Ein Q und ein W, das wird nicht einfach. Es wird alles nicht einfach.

Ich liege auf der Couch und warte auf den Mann mit dem Internet. Die Couch ist eine Schlafcouch, na klar, ich stand für sie im *Ligne Roset*-Laden und habe mir von der Verkäuferin das Konzept Schlafcouch erklären lassen, *man kann sie auch ausziehen und darauf schlafen,* sagte sie, während sie die Couch auszog und so tat, als würde sie schlafen, *wenn Besuch kommt,* sagte sie und setzte sich auf die Kante, jetzt war sie plötzlich mein Besuch, sie holte mich komplett in die Szene rein, sie hatte so eine sanfte Art, mit ihren Händen Dinge anzufassen, als hätte sie Angst, sich an der Welt zu stoßen, den Kaufvertrag berührte sie irgendwie zärtlich. Sehe ich die Couch, sehe ich sie, wie sie zu Hause in ihrer sehr gepflegten Zweizimmerwohnung samstagnachmittags eine Dose gezuckerte Mandarinen öffnet und sie mit den Fingern aus der Konserve nascht, sie nennt das nicht sündigen, denn sie erzählt es niemandem. Ich liege auf der Schlafcouch, warte auf den Mann mit dem Internet, ich bin auf eine Art vorfreudig auf das Internet, die ich nur von co-abhängigen Beziehungen kenne. Ich glaube nicht, dass das Internet jemals gut für mich war. Vielleicht wäre ich eine bessere Erwachsene, wenn ich früher nachmittags nicht in irgendwelchen Chaträumen drauf gewartet hätte, dass micht endlich ein paar Pädophile anschrieben und fragten, wie alt ich sei, vielleicht wären Beziehungen ein bisschen besser und länger und weniger zynisch, wenn sich eine ganze Kohorte nicht quasi zwangsweise das erste Mal über das Internet verliebt hätte, damals, als wir unseren Eltern nichts davon erzählen konnten, weil sie sofort an Vergewaltiger und Trickbetrüger dachten, wenn sie das Wort Chat hörten, auf die Vergewaltiger und Trickbetrüger fielen wir natürlich nicht rein, das Internet hatte uns *street smart* gemacht, denn wir hatten keine andere Wahl, unsere Eltern hatten ja keine Ahnung und dachten, das Schlimmste würde verhindert, wenn wir nur *eine Stunde pro Tag* surfen dürften, als bräuchten Trickbetrüger mehr als sechzig Minuten für ihre Tricks, als müsste man Müll länger als ein paar Sekunden anstarren, um ihn gesehen zu haben. Irgendwas im Internet hat dafür gesorgt, dass ich bis zum Ende meines Lebens traurig sein werde, wenn ich daran denke, was für ein peinlicher Zufall es war, dass ich zu der ersten Nachkriegsgeneration gehöre, in der Eltern sich tatsächlich Mühe geben wollten bei der Erziehung ihrer Kinder, ihnen Fürsorge, Trost und Schutz spenden wollten, und dann kam dieses Arschloch Internet und hat diesen Raum erfunden, in den wir noch vor Einsetzen unserer Pubertät reingegangen sind, und unsere Eltern standen ahnungslos davor und haben uns gerufen, wenn das Abendessen fertig war, und beim Essen wollten sie von uns wissen, ob wir unsere Hausaufgaben schon gemacht hätten, während wir eine halbe Stunde vorher im Chat eines Internetforums von einem Jungen verlassen wurden, den wir noch nie im Leben getroffen hatten, und *ja, Mama, ich habe sogar Vokabeln gelernt.* Wäre ich klug und konsequent, würde ich nie wieder ins Internet gehen, so wie die Kids, die es aus den schwierigen Stadtteilen an die besten Unis des Landes geschafft haben, auch nicht mehr zurück nach Kaiserslautern ziehen werden. Aber ich liege mit dem Bauch auf der Schlafcouch und warte auf den Mann mit dem Internet, weil ich es eben nicht anders kenne, wer einmal in Kaiserslautern war, gewöhnt sich an die Fassaden und die westdeutsche Trostlosigkeit, der Körper hat ja eine erstaunliche *muscle memory,* wenn es darum geht, scheiße zu sich selbst zu sein. Ich habe also nichts aus gar nichts gelernt, ganz im Gegenteil, ich bin noch viel doller im Internet als damals, wenn ich eine Serie schaue, aktualisiere ich in erschreckend genauen Abständen von fünfzehn Sekunden die Timeline irgendeines sozialen Netzwerkes, vermutlich in der Hoffnung, irgendwas zu sehen, was interessant genug ist, um die Folge *Friends*, die ich zum siebten Mal sehe, zu pausieren, einen Otter mit Hut, einen Dachs mit Tattoo, den Text eines Menschen, der ist wie ich, der das fühlt, was ich auch gerne fühlen würde, und das mutig aufschreibt, damit ich fassungslos oder unendlich traurig sein kann. Ich weiß nicht, ob das Internet mich und meine Freunde dümmer gemacht hat, keine Ahnung, ob wir *süchtig nach Likes* sind, vermutlich ja, weil es so unglaublich dümmlich klingt, dass es phänomenologisch eigentlich nur im echten Leben auftauchen kann, keine Ahnung, ob wir *gemeinsam einsam* sind, weil wir alle nur in unsere Handys starren, es ist mir im Prinzip auch fürchterlich egal, weil wir im Internet schlicht sind wie dieser eine Pilz, der es schafft, sich in einem Labyrinth binnen weniger Stunden zum Ausgang vorzuschleimen, wir suchen den Weg des geringsten Widerstands, und weil im Internet die Prämisse zu Erfolg im Prinzip ist, dass alles so *relatable* sein muss, machen wir das, was alle machen, wir versuchen nicht, die Regeln des Raums zu ändern, wir spielen lieber mit, wir sagen nachvollziehbare Sachen zu nachvollziehbaren Erlebnissen und wissen, dass das prima funktioniert. Keine Ahnung, ob das Internet uns dümmer gemacht hat, es ist eine hochtheoretische Frage, weil wir es nie rausfinden können. Es hat uns auf jeden Fall bequemer gemacht, aber wenigstens ist es nicht Kaiserslautern. Es klingelt.

Das Bürgertum ist fürchterlich subtil, die meisten Ressentiments werden nie angesprochen, sondern nur angedeutet, mit hochgezogenen Augenbrauen oder überraschten Nachfragen auf Stehempfängen. *Ne, mir ist schon wichtig, dass ich da bin, wenn die Putzfrau kommt, man weiß ja nie,* der Ausdruck *gutes Elternhaus* ist ein Code dafür, dass der Hass, den man spürt, nicht angesprochen wird beim Abendbrot, man ahnt ihn trotzdem, man schaut sich ganz genau die Turnschuhe der anderen Kinder an, man sucht nach Modellen von *Deichmann* und nach späten Zahnspangen, man horcht, wohin der letzte Urlaub ging, es ist ein Klassenhass, der nicht weggeht, weil von ihm behauptet wird, dass er gar nicht da sei, das Bürgertum hat auch die Frauen rangezüchtet, all die Frauen, die sich bei ihren Müttern abgeschaut haben, dass es wichtig ist, dass Männer in Polohemden sie nett finden, deswegen behaupten sie, dass alle in Deutschland längst gleichberechtigt seien, während sich die anderen Frauen, die ohne Familienfreunde mit Mitgliedschaften im Golfverein die Finger blutig emanzipieren, und alles nur für ein anerkennendes Nicken eines Liberalen in geschäftsführender Position, so ließe es sich auch zusammenfassen, das Bürgertum züchtet Leute ran, die in ihrer Jugend für circa acht Monate eine *Punk-Phase* hatten, um danach bis zum Ende aller Zeiten nur noch alles zu tun, damit Liberale in geschäftsführenden Positionen mit ihnen zufrieden sind. Und natürlich kriegt man das nie wieder ganz raus, es ist ein lebenslanges *Privilegien reflektieren,* das kann man natürlich nur tun, wenn man ahnt, dass da was komisch gelaufen ist in der eigenen Kindheit, was uns wieder zum Grundproblem bringt, das Bürgertum ist fürchterlich subtil. Es würde nie auf ein Plakat schreiben, wen oder was es hasst, darauf ließe es sich am Ende ja festnageln, stattdessen lieber Stellvertreterhass, der so tut, als hätte er mit Scham zu tun, Fernsehen, lernt man in solchen Elternhäusern zum Beispiel, Fernsehen ist immer eher dumm, immer eher albern, immer eher hässlich, so wie die Leute, die in dem Fernsehen zu sehen sind, das man eben insgeheim gerne heimlich gucken würde. In solchen Elternhäusern wird alles ersetzt und weggeschmissen, außer Fernsehgeräten, die werden jahrzehntelang an jeder Innovation vorbei weiterbenutzt, weil es offenbar irre wichtig ist, einer anonymen Menge Liberaler in geschäftsführender Position im eigenen Wohnzimmer zu beweisen, dass man irre wenig Wert legt auf Unterhaltung, auf Spaß. Die geil großen Fernseher gibt es nicht in solchen Elternhäusern, es ist das Gegenteil eines Mangels, es ist absichtliches Nichtbesitzen, eng verwandt mit der pikierten Steuerzahlerfeststellung, dass *die bei* Frauentausch *ja immer die neusten Fernseher in ihren Wohnzimmern hängen haben.* Dieser Internetspruch, man solle nur mit Menschen schlafen, die Bücher zu Hause haben, sollte ganz anders lauten: Wer ein Bücherregal zu Hause hat, das teurer war als der Fernseher, hat zu viel potenzielle Erbmasse in der eigenen Familie, um jetzt auch noch Sex zu verdienen. Irgendwas scheint so bedrohlich an Fernsehern zu sein, lieber hängen sich die Kinder aus den Eigentumselternhäusern Beamer ins Wohnzimmer als das Gerät, was auch die armen Leute haben, es wird eine klischeehafte Idee erfunden von einem Menschen, der Sozialhilfe empfängt, und mit dieser Idee herrscht Kontaktschuld. Da, wo ich herkomme, haben Leute nie gelernt, richtig fernzusehen, mit der Annahme nämlich, dass alles passieren kann, dass die Leute, die man sieht, sowohl dümmer als auch schlauer als man selbst sein könnten, es gab stattdessen eine ständige *Tagesschau*-Sprechererwartungshaltung, alles, was man akzeptierte, sollte Anzüge tragen, mit denen auch der eigene Vater morgens das Haus verließ, das Ergebnis war so eine süffisante Art von Unterhaltung, bei der Männer von streng genommen großdeutschen Gefühlen sangen, vom Verlust einer Frau, der Nachbarn im eigenen Wohnhaus, das mochten *die Deutschen* sehr gerne, wird im Nachhinein behauptet, und ich kriege da schon wieder so eine Ahnung, dass das, was heute gilt, damals genauso galt, dass nämlich nicht *die Deutschen* etwas mochten, sondern die Deutschen, die besonders deutsch waren, einfach alles für alle anderen mitmochten, und das musste dann reichen. Die Kinder, die heute Beamer in ihren Wohnungen hängen haben, die stehen in der Regel einen Großteil ihres Lebens auf Partys rum und erzählen entfernten Bekannten den Plot einer amerikanischen Serie nach, nur um danach jedes Mal wieder die immer gleiche Unterhaltung darüber zu führen, dass amerikanisches Fernsehen ja so viel besser sei als deutsches und so weiter, *na klar,* denkt man dann, versuch doch mal für Deutsche schöne Sachen zu machen, in einem Land, wo selbst Lachen irgendwas mit Klassenhass zu tun haben muss. Man könnte natürlich denken, dass *wir jungen Leute* heute schlauer sind, dass wir unseren eigenen Geschmack weder für so wahr noch für so allgemeingültig halten, aber da stehen sie, die Mariusse dieser Generation, empfehlen gerade die Serie *Breaking Bad,* die sie letzte Woche auf ihrem Beamer in ihrer Altbauwohnung geguckt haben, und denken, das sei neu, das hätte noch niemand getan, da käme niemand hinter außer ihnen.

Als Udo Jürgens gestorben ist, habe ich gegoogelt, wer Udo Jürgens ist, und war dann sehr traurig, obwohl das auf einer Ebene natürlich immer super wird, wenn ein *Großer von früher* stirbt, weil es dann noch mal dieses Gefühl von Gleichzeitigkeit gibt, wegen dem man ja eigentlich mal Fernsehen geguckt hat. Das Wissen, dass alle zur selben Zeit dieselben Erfahrungen machen wie man selbst, vielleicht fand man in diesen Elternhäusern mit den Vorgärten und dem zu vererbenden Porzellan auch deswegen Fernsehen nicht so spannend, weil man ständig Gleichzeitigkeit hatte, weil ja alles Deutsche um einen herum einem so arg entsprach, man brauchte kein Gemeinschaftsgefühl, man wählte ja die CDU, wenn so jemand wie Udo Jürgens stirbt – und ein paar dieser Samstagabendleute werden ja noch sterben, irgendwann –, steht man als junger Mensch am Seitenrand und ist ganz fassungslos, dass sich scheinbar alle früher auf eine Person einigen konnten, man musste ja kein radikaler Fan sein, aber man fand Leute einfach geschlossen gut, und es wäre jetzt rührend zu ahnen, dass das früher ging, weil man konsensorientierter oder dankbarer oder genügsamer war, ich fände das aber zu viel des Guten, jetzt zu behaupten, dass man heute anders ist als früher, es ist vermutlich einfach so, dass es heute niemanden mehr gibt, der sich diese radikale Harmlosigkeit traut, diese Kultkünstlerei, die einen um 20.15 Uhr auf eine Bühne ballert, aber Leute in Nachrufen dann irgendwann auch zwingt, darauf hinzuweisen, dass *er ja so viel mehr war als* der Typ, der um 20.15 Uhr im Fernsehen rumstand, diese Pseudotiefe und diese echte Höflichkeit, die braucht man wahrscheinlich, damit man so einen Udo-Jürgens-Tod hinbekommt.

Das ist sicher traurig für Leute in meinem Alter, dieses Ausbleiben von massenmedialer Gleichzeitigkeit, es gibt diese Strenge durch künstliche Entertainment-Verknappung nicht mehr, man *muss* gar nichts gesehen haben, vor allem nicht zu einem speziellen Zeitpunkt, das letzte Mal, dass was im Fernsehen kam und am nächsten Schultag wurde vorausgesetzt, dass man das gesehen haben muss, das war, als Lena Meyer-Landrut den *ESC* gewann, ich hatte das nicht gesehen, ich konnte nicht mitsprechen, diese Panik, die man spürt, wenn man ahnt, dass man jetzt ein Ereignis verpasst hat, das eine Generation prägen wird, die gibt es nicht mehr, eigentlich gibt es heute keinen Grund mehr für akute Wachsamkeit, damals jedenfalls war ich sehr verzweifelt, weil ich dachte, dass mir da Erfahrungen entgangen seien, die ich nie wieder nachholen können würde. Ich dachte aber auch, meine weitere Jugend würde nur aus dieser Frau bestehen, ich dachte, es geht um Lena Meyer-Landrut und die Art, wie sie ist, ich wusste nicht, dass es eigentlich vor allem um Nationalstolz ging, den man in Deutschland auf jedes Primetime-Erlebnis draufkippte, Hauptsache, eine von uns gewinnt, die Effizienz, mit der eine Frau ins Herz geschlossen wurde, die eben etwas für *ihr Land* getan hat, hat mich damals nicht erschreckt, aber eigentlich hätte man es da schon ahnen können. Grundsätzlich gilt: überall Nazis.

DIE STRASSE Geht man in Deutschland vor die Tür und denkt nicht, *überall Nazis,* denkt man nicht gründlich genug. Es ist vielleicht die einzige Sache, die unser Land eint: *Überall Nazis,* das wäre doch mal ein Thema für die Weihnachtsansprache des Bundespräsidenten, es gibt da einerseits die naheliegenden Klischee-Nazis in den ostdeutschen Kleinstädten, Strukturopfer und Globalisierungsverlierer, sie drängen sich auf, die brüllen in Mikros von *ZDF heute* oder *BILD.tv.* In meiner Straße hasst man diese Nazis, ich weiß das, ohne meine Nachbarn zu kennen, es reicht, die Fassaden zu sehen und die Blumensträuße auf den Fensterbänken, es sind Pfingstrosen und Tulpen in fröhlichen Farben, sie stehen in Steingutvasen von Keramikdesignern, schöne Stücke, meist aus dem letzten Kopenhagen-Urlaub mitgebracht. Immer fahren alle nach Kopenhagen. Es sind Blumen, die man kauft, wenn man weiß, wie man die nächste Woche bezahlen soll. Es sind Leben, die so geführt werden, dass das Wort *Erdgeschoss* nicht ertragen werden muss, in meiner Straße wohnt man *Parterre.* Die Leute, die in meiner Straße wohnen, hassen die Groben und Dummen und Lauten, sie wollen im *heute-journal* nicht damit belästigt werden, was tendenziell ungewaschene, na ja, sagen wir mal *Mitbürger,* über dieses Land denken, das kommt daher, dass sie ein bisschen mehr in Deutschland groß geworden sind als die anderen, die Krankenhäuser und Schulen waren immer schon eher ihre, ihr ganzes Leben ein einziges *König der Löwen, das wird alles mal Dir gehören.* Alle Simba.

Die Leute in meiner Straße sind aber eben auch die Leute, die die Nachkriegsreste der Deutschtümelei nicht aus ihrem System bekommen, zur Fußball-WM spüren sie dann trotzdem den Drang, diesmal die *M & Ms* in Deutschlandfarben zu kaufen, *ist doch witzig,* denken und sagen sie dann, was ist daran witzig, Jürgen, was für ein Nationalstolz ist das, der auf Schokolinsen passt, welches Level klandestinen Nazitums ist das, und mit jedem Spiel *unserer Jungs* etwas weniger klandestin, fast so, als wäre ein zunehmendes Zugehörigkeitsgefühl beim Feiern der Zugehörigkeit ein Argument für die Zugehörigkeit, mit einer trümmerfrauähnlichen Zusammenhaltsattitüde helfen sie einander in Krisenzeiten, wenn jemand stirbt, steht die Tupperware des ganzen Postleitzahlgebiets vor der Haustür der sogenannten Familie, und so eine gewisse Kiezgeilheit tragen sie auch alle vor sich her, wie sie mit ihren Körben samstags auf die Märkte um die Ecke gehen, wie sie Gespräche mit dem Besitzer vom Späti führen, als würde das gegen die Spaltung der Gesellschaft helfen, überhaupt: die Spaltung der Gesellschaft, als sei das was Neues, als wäre die Geschichtsschreibung vor der eigenen Geburt mit weniger Herausforderungen ausgekommen, großer historischer Narzissmus wird betrieben, wenn Leute sich demonstrativ für andere Meinungen interessieren und denken, sie hätten da jetzt Gespräche neu gedacht und erfunden, es sind diese Wohlfühlgespräche, bei denen alle Teilnehmer nach dem Satzende des Gegenübers ein paar Millisekunden zu lange warten, bis sie ihr Argument anbringen, eine vor sich hergetragene Geduld, andere Meinungen einfach mal aushalten, sich auf die Gemeinschaft eines Kiezes verlassen, als wäre die Spaltung der Gesellschaft etwas, das sich mit dem wöchentlichen Aufrunden beim Biometzger lösen ließe, als wären unsere Gesellschaft und diese Straße dasselbe, diese Straße, in der alle das Gleiche verdienen und alle aus der Biberach-ähnlichen Stadt kommen, dieser ewige Gedanke, dass alles, was man tut, hoffentlich reicht.

In meiner Straße spricht man von der *reichen diversen Kultur* in irgendeiner der etwas gepflegteren Straßen in den etwas rougheren Stadtteilen, wo wir natürlich nicht wohnen, weniger wegen der Ausländer, eher wegen der Kinder, die wir noch nicht haben, aber irgendwann schon, und dann will man ja gerüstet sein, lieber jetzt schon in den Stadtteil ziehen, wo alle aussehen, wie die kleine Mathilda aussehen wird, es geht dabei natürlich nicht um die Hautfarbe der anderen Kinder in den anderen Stadtteilen, als hätte das jemals jemand gedacht, es geht natürlich eher um den grundsätzlichen Umgang, es geht um die Schulranzen, die nicht von *SCOUT,* und die Turnschuhe, die von *Deichmann* sind, es geht um die, die man in vierzig Jahren ja auch nicht bei *ZDF heute* und *BILD.tv* sehen will. Der Kiez ist sehr sortenrein und sehr das, für das man glaubt, sich irgendwann angemeldet zu haben, man spielt diese eine besonders gemütliche Epoche beim Computerspiel *Age of Empires* 2 nach, die, in der die Frauen die Felder bestellen und die Männer die Bäume fällen.

Vor ein paar Jahren haben Arschlöcher angefangen, jedes Mal, wenn jemand Pizza gegessen hat, zu erwähnen, dass das *ursprünglich mal ein Arme-Leute-Essen* war, dieselben Arschlöcher haben dann ein paar Jahre später Pizzerien eröffnet, in denen man Ziegenkäse, Rote Bete und Honig auf Pizza schmeißt, zur Not auch geröstete Pinienkerne – Hauptsache, arme Leute können es sich nicht mehr leisten. In diesen Pizzerien steht aggressiv auf Tafeln, dass alle Pizzen mit FIOR DI LATTE zubereitet würden, an den

Wänden Plakate von italienischen Filmen, das Salz in umfunktionierten Smoothie-Gläsern auf dem Tisch. Dort essen gehen Jungs, die Bene heißen und diese eine Freundin haben, von der sie ganz genau wissen, dass sie mit ihnen ins Bett will, sie benutzen sie aber lieber als Therapeutin, ehrlich wahr, alle heißen sie Bene, und sie gehen gerade mit einem Mädchen aus, dass Liliane heißt, aber *bitte Lilly* genannt werden will, sie unterhalten sich über die Wichtigkeit von guten Matratzen, über die Vorzüge von Barfußschuhen und über ihre Chefs, die echt cool sind, weil sie sie duzen dürfen und es freitags manchmal Croissants im Büro gibt, in dieser Pizzeria sitzen wir jetzt vor den Speisekarten, stellen fest, dass es keine Pizza Margherita gibt, sie begründen das damit, dass sie Pizza neu denken, deswegen bestellen wir welche mit steirischem Bergkäse und karamellisierten Walnüssen. Wer in Straßen wohnt, in denen es diese Pizzerien gibt, sollte für eine großzügige Dekade einfach mal das Maul halten, so gesamtgesellschaftlich gesehen, das würde einiges voranbringen, da wäre allen mit geholfen. Ich bin von solchen Pizzerien umgeben, seit ich im weitesten Sinne erwachsen bin. Das Viertel, aus dem ich kürzlich erst weggezogen bin, war ja schon nett, ein Perpetuum mobile für Stadtparks, man zieht von Stuck zu Stuck, *mindestens Stäbchenparkett muss schon sein*, als müsste jeder Umzug mindestens den Standard halten, was für ein scheiß Standard denn überhaupt, als müsse jede Wohnung, die man nach einer Wohnung bezieht, irgendetwas verbessern, als wäre nicht das, was wir Altbau-Opfer eigentlich brauchen, zwischendurch mal für ein paar Jahre wieder scheiße wohnen, nicht wegen des Sozialkitsches, wenn man die *hart arbeitenden Menschen morgens auf dem Weg zur Fabrik* beobachten kann, sondern damit man merkt, dass es halt auch immer ohne geht. Größtes Missverständnis ist, dass es eine gesamtgenerationelle Erfahrung sei zu wissen, wie schwer es ist, eine Wohnung zu finden, dabei meinen ich und meine Freunde ja nur, wie schwer es ist, etwas Schönes zu finden, das bezahlbar ist, und die, um die es geht, meinen, dass es schwer ist, etwas Bezahlbares zu finden. *Ich kann mir nicht mehr vorstellen, ein Bad ohne Fenster zu haben,* ist kein Argument, es ist einfach nur eine Frechheit. Wir wohnen alle schön. Wir sind alle ganz schnell im Grünen, es gibt in der Nähe einen schönen Stadtpark, wir haben alle Städtebau studiert, wenn es darum geht zu erklären, was die eigene Art zu wohnen rechtfertigt. Viel wichtiger als schön wohnen: Wir wohnen alle so, wie wir glauben, es verdient zu haben. In eine Straße ziehen und diese Straße dann versuchen zu hassen ist schlicht der Versuch, nicht unter Annahme falscher Tatsachen durchs Leben zu laufen. Wenn ich nach wenigen Minuten Fußweg aus meiner Wohnung heraus

Pizza mit karamellisierten Walnüssen essen kann, ist sozialer Aufstieg nicht mehr möglich. Ich wohne da, wo Pfandflaschen im Hausmüll landen. Ich kann jetzt noch ein paar Jahre so tun, als seien Milchschaumgetränke in Weckgläsern nur eine freche Idee von zwei Studienabbrecherinnen, die sich mit einem kleinen Café selbst verwirklichen wollten, aber vielleicht ist es auch einfach der verzweifelte Versuch, in komplett alltägliche Handlungen noch ein wenig Ironie zu schmeißen, weil der Rest des Lebens in so einem Stadtteil eben unironisch uninteressant ist, und vielleicht gibt es am Ende des Tages auch keine Möglichkeit, ironisch in einem Café zu sitzen und ein Heißgetränk zu trinken. Vielleicht hat uns die Stadt genau da, wo sie uns haben will. Wenn strenge Menschen im Internet sagen, man müsse *seine Privilegien reflektieren*, dann ist das doch genau das. Dahin ziehen, wo man sich am wenigsten deplatziert fühlt, und dann alle hassen, die genauso aussehen wie man selbst.

In meiner Straße gibt es auch einen frechen Weinladen, es gibt einen ganzen Marketingzweig, der sich nur dem Versuch widmet, Wein alles Elitäre zu nehmen, als wäre das eine schlimme Entwicklung, dass nur Yuppies sich für Riesling interessieren, als müsse man das *den jungen Leuten dringend näherbringen.* Mit einer Mischung aus *es war nicht alles schlecht* und so einer volltätowierten Barista-Mentalität wird Wein jetzt zu einem Hobby für dynamische Endzwanziger, die mit ihren Freunden auch gerne mal einen Fenchel in den Ofen schmeißen und dazu einen guten Vino trinken. Es gibt Dinge in der neusten Bundesrepublik, die sehen auf den ersten Blick nicht völkisch aus, man bekommt als sehr Deutsche dennoch so ein komisches Gefühl in der Magengegend, eine Mischung aus der Gewissheit, dass die eigenen Großeltern mögen würden, was da grade passiert, Wörter wie Anstand, Rückschau und Besinnung auf alte Werte kommen einem in den Sinn, und dieses spätkapitalistische Misstrauen in alles, was einem verspricht, sich damit besser zu fühlen, als man sich die meiste Zeit fühlt, wenn man Tage in Büros und U-Bahnen absitzt, es ist schon komisch manchmal, in diesem System, in dem man aus Selbsterhaltungsgründen raucht.

Bei Weinproben darf heutzutage gelacht werden. Das war früher nicht so, denke ich, da ging es um Birnen- und Pfirsichnoten, da ging es darum, im Laufe von sechs Probierschlucken zu überlegen, wohin mit dem eigenen Geld, wie viele Kisten man von was nach Hause fahren würde und so weiter, heute wollen alle, dass man direkt geile Laune hat, weil man jung ist und kulturell interessiert genug, um Wein zu trinken. Der generische Weinkerl in dem generischen Weinladen hat einen Schnauzbart, eine Schürze aus handgewebtem böhmischem Stoff, *Manufactum,* und immer einen guten Spruch auf den Lippen, der die Stimmung auflockern und die Angst vor der Materie nehmen soll. So was wie: *Ich trinke auch am liebsten einen Lambrusco aus dem Tetrapack*, und wenn man da an der Theke aus gebürstetem Edelstahl steht, zwischen den Rotweinflaschen mit den frechen Sprüchen auf dem Etikett, ist man sofort peinlich berührt, so wie sonst nur beim Inanspruchnehmen von Dienstleistungen in Touristen-Städten, wenn ein Kellner mit gespielter Beschwingtheit, die sich für einen selbst eben vor allem nach Rückenschmerzen und Streit mit der Frau nach Feierabend anfühlt, seine auswendig gelernten Trinkgeld-Generier-Sätze sagt: *Eine so schöne Frau kann nicht gehen, ohne Trinkgeld zu geben*, und man gibt dann natürlich Trinkgeld, und der eigentliche Urlaubsluxus in diesem Moment ist, dass man sich selbst diese logische Doppelschleife erspart, darüber nachzudenken, ob es Touristenpaternalismus ist, auf so einen einfallslosen Spruch reinzufallen, oder ob genau dieses Generieren von Schuldgefühlen vom Kellner mit eingerechnet war, ob man auf Augenhöhe ist, weil beide nur so tun, als hätten sie keine Ahnung, was hier grade los ist. Man will ja alles, nur nicht dem armen Spanier überlegen sein im Urlaub.

Man ist also peinlich berührt wegen des Lambrusco-Spruchs, weil man das so oder so ähnlich eben schon selbst tausendfach gesagt und dabei niemals die Reaktion bekommen hat, die man sich erwartet hatte, außerdem fühlt es sich wie Betrug an, wenn so ein Gewinner-Malte, der im Weinladen arbeitet und auf dem Unterschenkel *Riesling or die* tätowiert hat, Witze darüber macht, keine Ahnung von Wein zu haben. Jaja, haha, lass uns endlich saufen. Wir spielen jetzt Weinprobe und trinken einen Grauburgunder von 2016, ich merke mir das, als würde das auch nur ansatzweise eine Rolle spielen, Malte nennt ihn *sharp*, ein anderer Globalisierungsgewinner sagt, er sitze *scharf dran*, was beides das Gleiche bedeuten soll, nämlich irgendeine Pfeffer- oder Paprika-Note, die sie nicht genau erkennen, ich natürlich auch nicht, ich bin nur wegen des Hasses hier, aber wenigstens halte ich dabei mein Maul. Immer wenn ich mit solchen Menschen Zeit verbringe, die allem Anschein nach ihr Leben nur bis zur Erstausschüttung des Erbes ihrer Eltern geplant haben, denke ich, *Nazis*. Nazigeld erben ist auch nicht viel weniger schlimm, als Nazi sein. Es gibt doch so was wie eine Kontaktschuld mit Nazis, wieso darf man dann von ihnen erben, denke ich und schmecke nix, schmecke null Pfeffer und null Paprika, *Nazis*, denke ich, während ich versuche, die Pfirsich- und Birnennoten im Grauburgunder zu finden, Nazis spucken ihre Probierschlucke in das Behältnis in der Mitte der Stahltheke, Nazis machen sich Notizen, wie viele Flaschen sie davon mit nach Hause nehmen wollen, in ihre großzügigen Mietwohnungen, in denen sie die Küche *nach ihren eigenen Vorstellungen* entworfen haben und in denen sie die Arbeitsflächen einmal die Woche mit Leinöl pflegen, weil der Küchenbauer dazu geraten hat, wo sie samstagabends mit ihren anderen Nazigeld-Freunden zusammensitzen, den Wein trinken und so tun, als wären sie Teil der bürgerlichen Mitte und als würde die bürgerliche Mitte nicht auch einfach nur aus Nazis ohne soziales Engagement bestünde.

Alkohol ist genau das, was die bürgerliche Mitte verdient hat. Eine ganze Vätergeneration hat sich die eigentlich dringend nötigen Nachkriegsgedanken weg- und die Sprachlosigkeit angesoffen, die sie von ihren Vätern gelernt haben, die Sprachlosigkeit, die in scheinbar jeder Familie nur gebrochen wurde, um irgendwelche Halbwahrheiten zu verbreiten, über Großmütter, die amerikanische Soldaten zu Hause verköstigt haben, über sanfte Versuche des Widerstands oder manchmal auch nur, um mit großer Gründlichkeit deutlich zu machen, dass das Elternhaus damals so weit auf dem Land lag, dass man von *alledem* nichts mitbekommen habe. Welchen Radius hatte der Holocaust, fragt man sich dann. *Von alledem* ist eine Floskel, die reserviert ist dafür, wenn Deutsche Abstand zur Vernichtung von Juden nehmen wollen. Deutsche sind nicht die Einzigen, die saufen, jetzt bitte das rassistische Klischee von zahnlosen Osteuropäern denken, die scharfen Vorlauf in sich reinschütten und fröhlich tanzen, aber Deutsche haben das sprachlose Saufen kultiviert, gesoffen wird in der Kneipe, an einem Tisch, mit möglichst wenig Wortaufwand, außerdem gerne unglaubliche Mengen Bier, ein Getränk, das träge macht, das wissen und spüren selbst die Hochleistungsalkoholiker, die sich schon wenige Jahre nach Beginn ihrer Karriere als Alkoholiker die Sprüche abgewöhnt haben: *Ah, endlich eine Hopfenkaltschale! Bin schon wieder völlig unterhopft! Bier ist die schönste Jahreszeit* und so weiter, Sätze, die wegen schlechten Gewissens erfunden und auswendig gelernt wurden, weil die Person, die das siebte Bier in sich reinschüttet, die Traurigkeit, die in dieser Geste liegt, natürlich erkennt und versucht zu zeigen, dass alles in Ordnung ist. Die Deutschen schütten also dieses Bier in sich rein, und ab und zu bewegen sie sich von den Kneipentischen weg, hin zu öffentlichen Plätzen und saufen tagsüber im Freien, das nennt sich dann Karneval oder Oktoberfest, und dann ist es nicht mehr kultivierte Alkoholkrankheit, sondern *Tradition*, dann hat es auf einmal eine völlig andere Qualität, wenn Männer sich ihre Sprachlosigkeit ersaufen bis zu einem Punkt, wo sie sich endlich wieder ihre Wut erlauben, dann sitzen da Zehntausende Deutsche mit ihren Bieren und ihrer schwierigen Familiengeschichte auf Bänken und schunkeln zu scheiß Musik, und mehr konnten wir aus diesem Land in den letzten Jahrzehnten einfach nicht rauswringen. Gott, bin ich froh, nicht in München zu wohnen.

Es beginnt eine Diskussion über die Mineralnote und den Kalkgehalt der Erde im Weinberg, junge Männer nehmen laute Schlucke, ich werde so blöde betrunken, mit so einer Hysterie im Bauch wie bei jeder Party aus der eigenen Jugend, auf der man sich peinlich benommen hat. Heulkrämpfe, Liebesgeständnisse, irgendwas oder irgendwen aus dem Fenster geworfen, all die Abende, die mit dem Wunsch endeten, man könnte doch noch kurz kotzen und den nächsten Morgen wenigstens nur mit Scham und Ratlosigkeit beginnen lassen. Und immer weiß man, dass der Alkohol schuld war, und trotzdem kommt es einem mit sechzehn vollkommen absurd vor, nächstes Wochenende einfach mal nicht zu saufen. Ich nehme große Schlucke Riesling, wenn man Riesling lang genug liegen lässt, also Jahre, kippt er je nach Sorte irgendwann, die ersten Jahre schmeckt und riecht er nach Schwefel, angezündeten Streichhölzern, irgendwann wird daraus aber eine Petrolnote. Kein Wunder, dass wir Deutschen Riesling lieben.

In diesem Stadtteil also stehen ein Dutzend Nazi-Enkel und unterhalten sich über ihre Familien, deren Geschichten für sie mit der eigenen Geburt begonnen haben. Nazis trinken Nazi-Wein und haben von alledem nie was mitbekommen.

Ich habe mal gehört, dass Kinder aus zerrütteten Familien nur zwei Möglichkeiten haben, sie kriegen entweder sehr absichtlich Kinder oder sehr absichtlich keine, wenn sie aber welche bekommen, leben sie dann mit einer ständigen, fast pathologischen Versagensangst, weil sie selber ja nie gelernt haben, wie sich das Ballspielen mit Papa im Innenhof und das Überreichtbekommen einer Butterbrotdose mit niedlicher Notiz darin anfühlen. Diese Leute also, die nie gelernt haben, wie glückliche Kindheit geht, die ständig einen Mangel gespürt haben, die wollen in ihrem Erwachsenenleben, so sagt man, selbst über- oder unterkompensieren. Entweder Übereltern werden oder Kinder hassen. Ich glaube, mit Alkohol verhält es sich genauso. Entweder man trinkt sehr absichtlich nicht oder aber man trinkt ausgesprochen absichtlich. Klischee-alkoholkrank kann man nur sein, wenn man arm ist. Solange man sich den guten Rotwein dekantiert, nach Feierabend in der Bar drei Gin in sich reinschüttet oder Champagner auf Stehempfängen säuft, während Männer in Rollkragenpullovern einem erzählen, wie der letzte Roman von Handke gemeint war, ist man nicht alkoholkrank, man hat nur Verve. Saufen geht nur im Hemd mit speckigem Kragen, an Esszimmertischen mit Wachstuchtischdecke, mit laufendem Fernseher, nachdem die Zigaretten für die kommenden drei Tage gestopft wurden, mit steifen Gliedern und einer Akte voller im Kern harmloser Autounfälle. Bei allen anderen ist Saufen ein Spleen oder eine Privatangelegenheit, seit Jahrzehnten säuft sich jeden Sonntagabend irgendein *Tatort*-Kommissar durchs Drehbuch, so unsubtil mit Bierdosen neben dem Bett oder im Auto, und nie macht man sich die Mühe, das mal zu verfolgen, es wird abgenickt von den Zuschauern, bei denen Bierdosen neben dem Bett oder im Auto liegen. Richtig saufen kann man nur, wenn man richtig arm ist, das wurde irgendwann mal entschieden, damit ist die Alkoholkrankheit vielleicht die deutscheste aller Krankheiten, weil sie gefährlich und stillos ist, und gleichzeitig noch voller Klassenhass.

Macht also euer scheiß Sektfrühstück und eure Weinprobe am Samstagvormittag, damit ihr endlich mal durch den Tag schwanken könnt wie Mama früher, herrje, *ihr Nazis,* denke ich oder ich rufe es, so genau lässt sich das an diesem Punkt nicht sagen, die Probierschlucke spucke ich nicht zurück in diesen ekelhaften Eimer, ich interessiere mich nicht mehr für die spannende neue Anbauweise von Müller-Thurgau und die Leichtigkeit von Sauvignon blanc, ich stelle mein Glas zu laut ab, zu heftig, die Architektenpaare und Zahnarztsöhne schauen mich irritiert an, ich will rausgehen, ohne irgendwas im Laden zu vergessen, ich habe mein Leben lang nämlich schon panische Angst vor diesem Sitcom-Abgang, bei dem man schamrot zurückkommen muss, um die Jacke vom Haken zu nehmen, ich vergesse nichts, nicht meinen Gestapo-Mantel und nicht die Handtasche, beides werfe ich in einer flüssigen Bewegung über den Arm, sodass ich übermütig werde von meinem kognitiven Erfolg und im Rausgehen die bescheuerte Weinflasche greife, die gerade geöffnet wurde, ich schaue nicht mehr zurück, als die Ladentür sich hinter mir mit diesem kundenbegrüßenden Ding-Laut schließt, plötzlich erinnere ich mich an ein T-Shirt, das ich als Dreizehnjährige hatte, auf dem *Kein Bier für Nazis* stand. Wieso war ich eigentlich so unglücklich mit dreizehn, wenn ich so cool war?

Nach ein paar Schritten stelle ich die Flasche Grauburgunder an den Wegrand und laufe bis zur nächsten Straßenecke. *Nicht mit mir,* denke ich. Keine gute Geschichte. Wenn ich eins nicht verdient habe, dann eine gute Geschichte.

Wieso wollen Leute in meinem Alter so dringend zurück in die Kneipen, frage ich mich, da gibt es nichts zu holen außer so eine selbstdarstellerische intellektuelle Wohlstandsverwahrlosung, ich wohne doch schon so, dass ich nicht mehr verlieren und nicht mehr gewinnen kann, weil meine Wohnung so aussieht, wie sie aussieht, weil die Straße, in der ich wohne, da liegt, wo sie liegt, weil die Kitas da so fröhlich heißen, als sei Erwerbstätigkeit von beiden Eltern nur eine Option, weil die Häuser hier so niedrig und die Teenager so hochmütig sind, weil ich wirklich alles habe, Pinienkerne und verkehrsberuhigte Zonen, die echten Bäckereien haben vor ein paar Jahren geschlossen, in denselben Ladengeschäften sind jetzt Konzeptläden zum Thema Brot, *Teigfabrik,* und es gibt natürlich einen *ZEIT FÜR BROT,* welche Stufe von Selbsthass ist das, dass Ladengeschäfte mittlerweile ironisch unverschämt zu ihren Kunden sein dürfen, wieso lassen wir uns von Smoothies anschreien und von Werbetextern von Kondomfirmen sexuell belästigen, wieso heißt ein Brotladen, der zu wenig Personal einstellt und deswegen Schlangen bis auf die Straße hat, ZEIT FÜR BROT, *bring ausreichend Zeit mit, Du Arschloch,* und wieso denkt man, dass das Brot und die Zimtschnecken das wert wären, wieso will man von Unternehmen *gesehen* werden? Wer so wohnt wie ich, hat ein Maß an saturierter Peinlichkeit erreicht, dass es das Mindeste ist, die wenigen Dinge, die einem nicht gehören, durch Herkunft oder Sozialisierung oder wie man es nennen will, nicht zu machen, wieso also gehen wir immer noch in Kneipen? Bars und Tapas-Läden mit *toller Weinkarte* sind okay, Craft Beer Salons auch, Orte, an denen Erdnüsse *Barfood* heißen, wo auf den Toiletten Handseife von *Aesop* steht, alles, was von Australiern betrieben wird, die ursprünglich mal *der Liebe wegen* nach Deutschland gekommen sind, jede Art von lokaler Folklorekneipe ist auch okay, eine Kneipe, die so tut, als sei sie ein kölsches Brauhaus, weil das sowieso eher Reenactment von Alkoholismus ist als eine echte Kneipe, auch okay. Alles andere, jede echte Kneipe, wo Theken kleben und Spielautomaten stehen, sind nicht meine Orte. Es gibt schon einen Grund, wieso Leute wie ich leicht angegeilt ständig behaupten, dass sie gerne in die Kneipe gingen, in dieser Selbstdarstellung saufen wir alle pausenlos Bier an irgendeinem Tresen, hinter dem eine Nachwende-Wirtin Gläser, na ja, poliert, vielleicht besser und ehrlicher: mit einem Lappen abrubbelt. *Willse noch mal die Luft rauslassen?,* fragt sie dann, wenn man mit dem Kopf schon auf der Holzplatte liegt, klar, will man noch eins, man ist ja jung und nah dran am Lifestyle der Arbeiterklasse, und das ist dann alles eine einzige Pose, gesoffen wird dann als Selbstdarstellung, weil man nicht aus Durst, sondern aus Scham in diese Kneipe geht, die schon vor dreißig Jahren da war, in der der Alkoholismus am Stammtisch sitzt. Wenn ich nachts nach Hause komme, setze ich mich auf mein Stäbchenparkett und starre mein USM-Regal an, höre vielleicht eine Platte und denke darüber nach, wie unerträglich Vinyl ist, ganz egal, wo ich davor war. Faustregel sollte vielleicht sein, nur dahinzugehen, wo man sich nicht schämen würde zu erzählen, wie viel so ein Regal kostet. Faustregel sollte einfach sein, dass man dahin geht, wo nach 23 Uhr die Verkäufer mit den Obdachlosenzeitschriften kommen, Faustregel sollte sein, dass man nicht mit quer über den Schultern hängenden Bauchtaschen auf den Plastikflechtmöbeln einer Vierundzwanzig-Stunden-Kneipe sitzt und ein Viertel anstarrt, das nicht mal vor hundert Jahren vielversprechend war, keine Oberlippenbärte oder weiße Socken in *Adiletten* trägt, keine *gethrifteten* Seidenblousons, nicht aussehen, als wollte man sich aus Image-Gründen im Nachhinein eine Kindheit in Armut draufschaffen, während Omas Sparbuch in Wahrheit die Zinsen verzinst, dann noch lieber schweren Merlot in Arztsohn-Wohnungen trinken. Was will man in Kneipen, wenn man so ist wie ich, außer den Leuten zu zeigen, dass man nicht so ist wie ich.

In meinem Treppenhaus mache ich alle drei Stufen Pause, ich schwitze Weißwein, vor meiner Tür brauche ich zu lange für diese Uhrzeit, um das Schlüsselloch zu finden, in der Tür halte ich mich kurz fest, es ist nicht der Wein, es sind die Nazis und das Sonnenlicht, wegen denen es mir schlecht geht. Ich halte mich am Türrahmen fest, komplett unlässig, als sich hinter mir die Tür meines Nachbarn öffnet, beim letzten Mal waren seine Haare sicher noch nicht so schneeweiß, er trägt eine beige Jacke aus diesem Aktivstoff, den nur ältere Menschen tragen, die Touren auf ihrem Trekkingrad machen und gute Waden haben, so eine Wolfgang-Bosbach-Drahtigkeit eben, er lächelt mich an: *Sie haben mein Spiel noch,* ich nicke, *hole ich Ihnen,* ich bewege mich nicht von der Zarge weg. *Geht's Ihnen nicht gut?,* fragt er, *Weinprobe,* sage ich, er nickt nur wissend, *da macht man am besten mit Wein weiter, ich habe einen schönen Grauburgunder kalt,* er schaut mich komplett unsexuell an, ich greife die Türklinke, *wir können nicht befreundet sein,* sage ich sehr eindringlich, *ich bin schon mit einem zwölfjährigen Mädchen befreundet, wenn ich jetzt noch einen älteren Herren kennenlerne, wird mir das alles hier zu einfühlsam,* ich mache die Tür hinter mir zu, das Spiel stelle ich ihm heute Abend auf die Fußmatte, beschließe ich, lege mich auf das Parkett vor das Bücherregal, denke an das Gegenteil vom *Zauberberg* und schlafe ein.

Wenn man am Abend zuvor betrunken eingeschlafen ist, klingt die Stille am nächsten Morgen besonders, als würde einen der eigene Körper zur Bedächtigkeit zwingen. Ich stehe ohne Hose in meiner Küche und habe noch nicht abschließend entschieden, welche Art Mensch ich für meine neuen Nachbarn spielen möchte. Es ist eine Grundsatzentscheidung, die in den ersten Wochen nach einem Umzug getroffen und umgesetzt werden muss, in meiner letzten Wohnung war ich die Nachbarin, die man durchs Fenster im Innenhof dabei beobachten konnte, wie sie mit Schürze eine Quiche in den Ofen schob oder abends schon mal Rotwein atmen ließ, bevor die Gäste kamen, ich war die Nachbarin, die manchmal, am Ende eines Abends, ganz kurz auf dem Schoß von jemandem saß, halb müde und halb von der Idee begeistert, jetzt endlich mal auszusehen wie eine von diesen Frauen in einem von diesen Filmen, es sind die Frauen, die aus der Dusche steigen und ihr nasses Haar nur kurz mit einem Handtuch abtupfen, ich war die Nachbarin, die Müll nicht länger als einen halben Tag vor der Wohnungstür stehen ließ und den Biomüll in der Gefriertruhe lagerte, damit er nicht anfing zu schimmeln, ich war die Nachbarin, die alles, was sie zum ersten Mal tat, mit einer demonstrativen Beiläufigkeit erledigte, als hätte sie schon hundertmal Quiche gebacken, als wäre nicht ihr ganzes Leben eine einzige Forenrecherche zu Blätterteig. Ich habe meine Nachbarn nie gesprochen, weder die, die meine Mülltüten-Disziplin sahen, noch die aus dem Hinterhaus, die durch den Innenhof und meine Fenster meine Eleganz beim Entkorken von Dingen beobachten konnten. Vielleicht hat mir auch nie jemand zugesehen, ich war aber sicherheitshalber extrem gut.

Jetzt, in der neuen Wohnung, möchte ich die Nachbarin sein, die morgens ohne Hose in der Küche schweigend vor der Kaffeemaschine steht, ich bin neidisch auf die Nachbarn, weil sie nur von Weitem sehen müssen, was ich tue, sie müssen sich nicht mit meinen Gedanken rumschlagen. Beim Kaffeekochen zum Beispiel denke ich immer an Jochen. Ich kenne keinen Jochen, zumindest vermeide ich es, Bekanntschaft zu machen mit Menschen, die vielleicht so heißen, ich sehne mich nach einem jochenfreien Zustand in meinem Leben, aber vor Jahren stand ich mal in einer Ecke eines Raums, um mich herum sehr viele Menschen, neben mich drängten sich zwei Männer in meinem Alter, die es als Anmaßung empfinden würden, dass ihre Umwelt nicht wüsste, dass sie schwul sind, zwei personalisierte Cher-Konzerte, und ehe ich mich drauf konzentrieren konnte, aktiv wegzuhören, was die beiden Postironisches zu sagen hatten, hörte ich *den* Satz: *Niemand braucht eine Siebträgermaschine, Jochen,* und ich wusste, dass diese

Party, dieser Abend, vielleicht auch die dazugehörige Woche, durchgespielt waren, ein besserer Satz würde niemals mehr fallen, und ich wollte sofort weg, weg aus der Ecke und der Wohnung und der Straße und der Stadt, weil ich auf gar keinen Fall Kontext haben wollte, ich wollte nicht wissen, wie die beiden zueinander standen und was die Moral dieser Aussage war, ich wollte für den Rest meines Lebens nur diesen Satz in meinem Kopf haben, *niemand braucht eine Siebträgermaschine, Jochen,* ich lief nach Hause, vorbei an den Häusern, in denen die frisch gegründeten Familien wohnten, die es insgeheim als Frechheit empfanden, dass jugendliche Sprayer ihre Hausfassade verschandelten, sich heimlich bereits jetzt ein entschiedeneres Einschreiten der Hausverwaltung in Bezug auf einfach alles wünschten, sich aber noch nicht trauten, sich das voreinander einzugestehen, in diesem Moment wohnten in den besprühten Häusern noch junge Familien mit einem Kind, in denen die Frauen noch Wert darauf legten, Pflegespülung für die Haare zu benutzen, und die Männer noch dachten, sie würden alles besser machen als ihre Väter, weil sie sich beim Spaziergang mit dem Kind immer beschützend nach unten lehnten, um einen eventuellen Sturz abzufangen. Ich habe nicht geglaubt, dass ich immer wieder in so eine Straße mit solchen Häusern und solchen Eltern ziehen würde, und die Eltern wiederum haben nicht geglaubt, dass ihr Leben irgendwann zum großen Teil aus Anrufen bei irgendwelchen zuständigen Behörden bestehen würde.

So scheiße kann es bei mir ja nicht sein, sage ich zu dem Mädchen, das Arme und Beine wieder um den eigenen Körper gewickelt hat, wie ein kompliziertes Satzzeichen steht es im Raum rum, in dem mittlerweile natürlich einfühlsame Landschaftsfotografien hängen, die ich gerahmt und platziert habe, nicht direkt, damit es ihr hier besser gefällt, eher, damit sie merkt, dass die Tatsache, dass es ihr hier nicht gefällt, kein Zufall ist. Teenager stehen manchmal so aggressiv unabsichtlich in Räumen rum, als wären Sitzgelegenheiten der Feind, sie steht rum, wir sind all die Optionen zu Belustigungen schon durchgegangen, *möchtest Du ein Eis essen,* fragen Erwachsene ja immer so dümmlich, als könnten Kinder sich nichts Besseres vorstellen als Eis, und natürlich gibt es in meinem Viertel keine normale Eisdiele, ich könnte die Eisdielen in diesem Viertel nicht beschreiben, ohne wie eine Persiflage auf Oliver Pocher zu klingen, viele komplizierte Sorten und so weiter. Aber das Mädchen will kein Eis essen und natürlich auch keinen Spaziergang machen, weil Spaziergänge einfach wirklich scheiße sind, da sind wir uns sehr einig, Spaziergänge sind für Leute, die zu doof zum Rennen sind, als sei Landschaft spannender, wenn man sie langsam anschaut, also stehen wir in einem meiner Räume rum, und ja, *so scheiße kann es bei mir ja dann nicht sein.*

Was ist das, fragt sie und zeigt auf den Stapel mit Schallplatten, ich finde es in diesem Moment extrem peinlich, dass Kinder einfach nichts wissen müssen und das dann auch noch als Kulturkritik durchgeht, wir könnten ihnen ja auch einfach weiter beibringen, was Zeug von früher ist, dann müssten wir es nicht bemerkenswert finden, wenn sie Zeug von früher nicht kennen, dann könnten wir uns auch diese Koketterie sparen, die Leute ab siebenundzwanzig Jahren haben dürfen und müssen, *eine alte Frau ist kein D-Zug,* das aktive Echauffieren über graue Haare, irgendwas mit Gesichtscremes, diese gespielte Empörung, wenn ein Kind halt keine Schallplatten kennt, das arrogante Belächeln von jüngeren Menschen, die von einer Lebenskrise erzählen, die man selbst schon durchgemacht hat. Man hat aber offenbar vergessen, dass Krisen kein Wettbewerb sind und sich immer absolut anfühlen, bis man eben lange genug gelebt hat, dass sie nur noch relativ sind, dann so was sagen wie, *das habe ich in Deinem Alter auch gedacht,* unglaublich ungerecht, dass man nicht nachhaltig leiden darf, ohne dass nicht irgendein Vollidiot drauf hinweist, dass das *in dem Alter völlig normal ist,* als wäre alles infrage zu stellen, ein Wachstumsschmerz. Meist dann noch nachgeschoben mit so einem ätzenden *Ich wünschte, ich hätte Deine Probleme,* und man will diese alten Leute mit diesen Sprüchen dann natürlich anbrüllen, weil sie sich zwar für ausreichend ausgelebt halten für generöse Lebensratschläge, aber bis heute nicht wissen, wie rasend uncool es ist, anders alt sein zu wollen, als man ist, und außerdem ist das ja alles real: ohne Jacke das Haus verlassen und den ganzen Abend frieren, weil man Jacken einfach hässlich findet, Geldabzählen, Leuten beim Knutschen zuschauen auf Partys, zu denen man eigentlich nicht gehen wollte, auf dem Heimweg betrunken einen Song hören, von dem man glaubt, dass er einem gerade die ganze Welt erklärt, um dann am nächsten Morgen feststellen, dass es eine Akustikversion von *Toxic* von Britney Spears war, ab dann mindestens wieder genauso ratlos sein wie am Abend zuvor und ganz ehrlich glauben, dass es nie zu Ende geht. Und vermutlich haben die ältlichen Vollidioten schon recht, wenn sie sagen, dass das normal sei in diesem Alter. Aber in dem Moment ist es eben wahr, dass es nie zu Ende geht. Nach ein paar Stunden geht's dann meistens wieder.

War nur Spaß, wir haben auch Platten zu Hause, sagt das Mädchen sehr selbstzufrieden, *checke aber nicht, wieso man die sammelt,* sie blättert in den Covern rum. *Die sind von früher,* antworte ich. Sie holt ihr Handy raus und postet ein Cover von einer Lana-Del-Rey-Platte bei *Instagram,* viel Sepia, viel Vignette, *hä, die ist von letztem Jahr,* sagt sie sehr klug, *letztes Jahr ist doch früher*, sie schüttelt den Kopf, *früher ist länger her, zehn Jahre oder so,* ich schüttele den Kopf, *für mich halt nicht,* woraufhin sie gemein lacht. *Wie finden Deine Eltern es eigentlich, dass wir befreundet sind?,* frage ich, das Mädchen schaut nicht von den Platten auf, ihre Arme sind sehr zufrieden, dass sie etwas zu tun haben. *Ganz okay. Meine Mama kennt Dich eh von* Insta.

Es wäre natürlich jetzt reizend, mit diesem Kind etwas zu erleben, ihm aus irgendeinem Komplex heraus irgendwas zu zeigen aus meinem Leben, in meiner Straße, mit ihm in eine Kneipe zu gehen oder ihm mit so einer reizenden Pädagogik im Leib irgendwas über die Welt zu erklären, eine Moral als Tagesausflug, ich habe nur überhaupt keinen Bock auf Moral, und ich habe erst recht keinen Bock auf Tagesausflug. Bei mir um die Ecke gibt es eine Karaokebar, Orte, die eigentlich nur existieren, damit die letzte Szene jeder Folge jeder Anwaltsserie dort gedreht werden kann, ich habe nie Karaoke gesungen, nicht niedlich und nicht ironisch, nicht nach sehr viel Bier, nicht mal, als ich mal ein Wochenende in Hamburg war und Menschen auf einmal glaubten, ein Set an Hamburg-Klischees in ihrem eigenen Kopf erst entkräften und dann erfüllen zu müssen. Wenn ich in Hamburg bin, bin ich beschäftigt damit, diesen Typ hemdsärmeliger Ankertattoo-Overperformer zu hassen, den, der sein Rennrad durch die Straße schiebt und Oberlippenbart trägt, als wäre Ästhetik durch Ironie ersetzt worden, ich habe also keine Zeit für Karaoke, und selbst wenn, werde ich mit Sicherheit jetzt nicht Stammkundin in einer Karaokebar, Karaoke ist nämlich eine der wenigen Sachen, die noch peinlicher werden, wenn man sie gut kann, wer miserabel singt, der kann einfach eine fürchterlich unangenehme Sache nicht, wer sich Mühe gibt, wem man anmerkt, dass schon ausreichend viele Songs auf einer Bühne geübt wurden, der legt so viel Gefallsucht in nur zwei Refrains offen, dass das eigentlich noch direkt auf der Bühne antherapiert werden müsste. Die gleiche Peinlichkeit im Etablieren von Stammläden, diese aggressive Einsamkeit, mit der man Barpersonal ankumpelt, einfach weil man grade so oft da war, dass man, wäre es im Heimatdorf passiert, von der freiwilligen Feuerwehr längst den Aufnahmeantrag zugesteckt bekommen hätte, und das ist auch keine romantische Verklärung von Dorfgemeinschaft, es gibt Bereiche im Leben, da sind Menschen vielleicht universell scheiße, unabhängig von Konfliktlinien. Sich Stammläden zu erkaufen, und mehr ist es ja nie, hat so etwas Urtrauriges, ich möchte die Leute, die kumpelig ihre

Geldscheine über den Tresen schieben, immer umarmen, wäre es nicht genau das, was sie unbedingt wollen, als wäre der dramaturgische Höhepunkt in einem Leben, lässig im Vorbeigehen an einem, na ja, sagen wir mal kiezimmanenten Kultgeschäft so was sagen zu können wie: *Hier gehe ich immer hin,* und eine Karaokebar als Stammladen wäre an Traurigkeit in der Theorie kaum zu übertreffen, also nein, ich werde natürlich nicht in eine Karaokebar gehen mit diesem Mädchen. Zumal es Dinge gibt, die nur zur Selbstdarstellung frech sind, und Kinder an Orte mitzunehmen, wo Kinder nicht hingehören, sagt nichts über die Kinder, aber alles über die Erwachsenen aus, und das wäre dann die dritte Stufe der Einsamkeit: eine Karaokebar zum Stammladen zu machen und es nötig zu haben, ein Kind mit reinzunehmen, weil man darauf angewiesen ist, dass die Umwelt direkt eine Meinung zu einem hat.

Es gibt wohl einen Unterschied zwischen Chuzpe und *Chuzpe*, das hat mir mal ein israelischer Bauingenieur bei einer Galerie-Eröffnung erzählt, bei der ein Künstler gebrauchte Stützböcke aus seinem Atelier zu Barwagen umfunkionierte und für 3000 Euro das Stück verkauft hat. Der Bauingenieur trug viel Pastell, das muss ja wirklich jeder selbst wissen, und er erklärte mir, wieso es eben keine Chuzpe ist, sondern *Chuzpe,* alte Arbeitsmöbel in eine Galerie zu stellen und sie als Kunst zu verkaufen. Chuzpe ist diese charmante Ignoranz, wenn man über gesellschaftliche Konventionen hinweggeht, *Chuzpe,* das Wort, das man wohl in Israel benutzt, erklärte er, meint einfach Schamfreiheit. Man spricht auch beides unterschiedlich aus, ich fand diese Geschichte wirklich eher mittelspannend, wollte aber sehr freundlich sein, weil ich nicht wollte, dass er denkt, ich hätte ein Problem mit Juden, habe ich wirklich nicht, ich habe nur ein Problem mit Partyanekdoten, die sich ziehen, ich nickte aber sehr interessiert und eifrig, *oh, bitte, erzählen Sie noch mehr über zwei Wörter, die gleich aussehen, aber nicht das Gleiche meinen,* man solle aufpassen, mit wem man sich so umgibt, meinte er und ging weg, *die Energie der Leute um einen rum ist wichtig,* schob er hinterher, dann ging er wirklich weg, und heute glaube ich, dass er mir einfach irgendwie sagen wollte, dass er nicht mit mir ins Bett möchte, ich denke nicht viel an den Mann, aber ich denke viel an Chuzpe und *Chuzpe* und daran, dass ich ein Mensch sein will, der zumindest beides nicht verwechselt.

Du kannst die Platten haben, wenn Du willst, sage ich zu dem Mädchen, das gerade betont unberührt auf eine nackte Frau auf einem Cover schaut, sie macht das sehr gut, sehr glaubwürdig, *ich brauche sie nicht mehr,* sie nickt so, wie nur Kinder nicken, die es gewohnt sind, ständig Geschenke zu kriegen, *wir können doch ein Eis essen gehen,* sagt sie. *Danke,* sage ich.

Ich weiß nicht, ob ich außergewöhnlich viel oder kein bisschen verdränge, ich weiß, dass *unsere Großeltern* verdrängt habe, man sagt gemeinhin *unsere Großeltern,* damit so ein *ZDF*-Vorabendserien-Gemeinschaftsgefühl aufkommt, es ist einfach eine gute Umschreibung, es ist die perfekte emotionale Image-Kampagne für eine Generation, in der wirklich dramatisch viele Nazis gewesen sein müssen, sofort denkt man an frierende Großmütter und feinsinnige Großväter, die Briefe von der Front schreiben, man denkt kein bisschen daran zu fragen, woher das Silberbesteck kommt, das man an Weihnachten auspackt, oder die Stadtrandvilla, die die Familie in den Siebzigern verkauft hat. Unsere Großeltern haben Enkel, die in den Großstädten über die Stolpersteine vor ihren Wohnhäusern in den Hausflur laufen, und das Einzige, worüber sie sich ärgern, sind die Mieten. Na klar, die Mieten wieder, es ist die Hölle. *Unsere Großeltern* auf alle Fälle, damit sind nur die gemeint, die viel zu durchleiden hatten – in dieser Erzählung gibt es offenbar keine Großeltern, die zur Zeit des Zweiten Weltkrieges einfach noch gar nicht in Deutschland gewohnt haben oder schlicht nicht auf der Seite standen, die in den Genuss der Verdrängung gekommen wären – die jedenfalls verdrängen irre gerne, und man kann nicht sagen, dass ihre Enkel sie dafür hassen. Wir hassen lieber unsere Eltern, weil sie wiederum nämlich Eltern hatten, die verdrängt haben, dann kann man immer noch von sich behaupten, *die eigenen Familienverhältnisse zu hinterfragen,* muss aber wenigstens nicht antifaschistisch sein. Wenn man also das Verdrängen in der Familie anprangert, dann kann man in zwei Richtungen kompensieren, nicht verdrängen oder zu sehr verdrängen, ich weiß wie gesagt nicht, was von beidem ich tue, weil ich um mich herum definitiv beides sehe, es gibt Leute in meinem Alter, die wollen alles spüren, und es gibt Leute in meinem Alter, die wollen nichts davon sehen, es gibt wenig dazwischen, nicht weil *meine Generation* – als gäbe es das wirklich – maßlos ist, sondern weil wenig anderes Sinn ergibt. Diese Welt, die sich einem heute aufdrängt, legt einem früher oder später schon nah, die Sättigung hochzudrehen, das macht sie von ganz alleine, da braucht man keine Berufsberatung, es ist dann alles ein bisschen weniger mühsam, die Ambivalenz und die hohen Mieten, diese dämlichen Minderjährigen, die gerade nachkommen und so radikal politisch sind, wie man es selber nie werden will, diese Angst, diese ganz banale Ahnungslosigkeit, wie man ein Bücherregal befüllen möchte.

Diese ständige Ironie. Man verdrängt also alles oder gar nichts, und das Knifflige ist, dass beides im Ergebnis nahezu gleich aussieht, in beiden Fällen wird irgendwas zu doll gespürt, die An- oder eben die Abwesenheit, man ist unfassbar wütend wegen toter Tiere oder des Systems oder eben voller Ekstase, weil man jede Woche die Zeit seines Lebens hat, es ist völlig egal, was von beidem passiert. Am Ende immer *komplett Gänsehaut.*

So oder so: aus beidem Selbstdarstellung machen. Am schlimmsten sind dabei immer die weißen Mittelschichtskinder, wer auch sonst, mit ihren ambitionierten Strumpfhosen und ihren bedeutungsvollen T-Shirts – wir sind übrigens lange über den Punkt hinaus, dass wir uns hier jetzt noch über Jutebeutel lustig machen. Würde ich also jetzt auf eine Party gehen, dann auf eine, auf der die Frauen komplizierte Oberteile tragen, wo die Leute es nicht ertragen, türkisches Gebäck zu kaufen und das nicht im Internet zu posten, es sind dieselben Menschen, die sich von der absoluten Abwesenheit von Muslimen in ihrem entferntesten Bekanntenkreis nicht abhalten lassen zu erklären, dass es natürlich nicht Zuckerfest, sondern Ramadanfest heißt, diese Menschen tanzen zu Musik von Playlists, gegen die man beim besten Willen nichts sagen kann, Adam Green nämlich nur ironisch, sie haben ein Semester an der Uni Elektroswing gelernt und hören deswegen bis heute gerne Parov Stelar, und obwohl sehr aufregende Pflanzen in den zu befeiernden Wohnungen stehen, sind die Gläser immer noch aus Pressglas und von *IKEA*, diese dickwandige, grobschlächtige Rillenfrechheit von Glas, in der jede Limo automatisch dümmlich schmeckt, in diesen Gläsern werden dann Drinks serviert, und diese Gläser sind vielleicht das Einzige, das uns davon abhält, wirklich wieder in die *roaring twenties* einzutauchen. Seit 2020 sind so viele geil darauf, irgendeine Lebensart aus den 1920ern wieder zu beleben, so eine *Babylon-Berlin*-Terrinen-Obszönität, den aufkeimenden Faschismus haben wir ja schon, was uns noch fehlt, ist das gute Kristallglas.

Auf diesen Partys wird vor lauter Einfallslosigkeit gekokst, und das tun immer exakt die Menschen, von denen man das auch erwartet. Medienmenschen sind so uninnovativ, dass sie alles, was sie sich aus Image-Gründen aus den Neunzigern angelesen haben, bis heute durchziehen, diese ganze scheiß Stadt eine einzige kaputte Nasenscheidewand. Koks: nicht nur stillos, sondern die dümmste aller Drogen, Leute, die sich ihren Lifestyle von Anekdoten aus der Fernsehbranche und Männerliteratur zusammengesammelt haben, in der Koks auch nur gut wegkam, weil die Autoren ganze Hirnhälften daran verloren haben, versauen auch in diesem Jahrzehnt wieder Spiegel und Leben. Dieses affektierte Nasehochziehen, dieses Indiehändeklatschen, weil sie gesehen haben, dass das bei *Bad Banks* auch immer gemacht wird, die eigene Attitüde irgendwo angelesen, und dieses unberechtigte Selbstbewusstsein von Leuten, wer kennt sich selbst denn bitte schön und denkt immer noch, *geil, so, wie ich bin, wäre ich gerne heute auch, nur hundertmal doller,* mehr macht Koks ja nicht. Es gibt vielleicht nur zwei Gruppen von Menschen, die, die nach einer Party im Taxi nach Hause sitzen und jedes Wort, das sie zu jedem Menschen gesagt haben, noch mal analysieren müssen, weil sie wissen, dass es dazugehört, sich ausreichend für alles zu schämen, was man an irgendeinem Punkt in dieser Welt jemals bedeutet hat, und es gibt eben die anderen, die jeden Abend im Bett liegen und glauben, dass es schon alles nicht so schlimm gewesen sein wird, was sie gesagt haben. Zweitere wissen nicht, dass es natürlich nur ein bescheuerter Spruch ist, *sei einfach Du selbst,* natürlich soll man nie man selbst sein, natürlich soll man immer nur eine etwas bessere Variante von sich selbst sein, die man zwar nur mit viel Mühe zusammenhält, für die man sich aber immer noch schämt. Koks ist *sei einfach Du selbst* mal eintausend. Chuzpe und *Chuzpe.*

Und auf diesen Partys steht man in der Regel eine Weile neben Menschen mit exzentrischem Ohrschmuck, die Prominente im Gespräch nur bei ihrem echten Vornamen nennen, *als Ben das erste Album rausgebracht hat, ich war damals mit Carlo backstage, hast Du in letzter Zeit Thees gesehen,* es sind Partys, auf denen alle wissen, welcher *Francesco* gemeint ist, wenn von *Francesco* die Rede ist, einfach nicht atmen, wenn man diese Gesprächen mithört, in denen Leute damit angeben, dass sie Männer kennen, geile, bekannte Männer, dann koksen sie alle, als wäre 2009 nie passiert, und spätestens dann frage ich mich, ob das jetzt obszön war, dreißig Euro fürs Taxi bezahlt zu haben, und wie sich das gehört, führe ich den Gedanken nicht zu Ende, sondern lasse mich ablenken von *dem System* oder niedlichen Tops. Am Ende immer nur Taxi, klar.

DIE STADT Wenn man wissen will, wie man niemals wohnen wird, steigt man in ein Auto und fährt so lange über Ausfallstraßen vorbei an Schuh-Outlets und dubiosen Döner-Imbissen in Richtung Speckgürtel der Stadt, bis man da ankommt, wo die Busse alle dreiundzwanzig Minuten fahren und systemrelevant sind, wo die Menschen, die auf sie warten, grau geraucht sind und man sofort emotional strukturschwach wird, wo man mit jeder Minute näher an den Punkt kommt, rechts zu wählen, wenn man die Plattenbauten betrachtet, in denen Leute dann also leben, wo man so eine Blutarmut ums Herz spürt und nicht weiß, ob man auch nur irgendeinen Gedanken dazu fassen kann, der nicht reiner Sozialkitsch ist, es sind die Orte, die nie gemeint sind, wenn junge Paare entscheiden, *ein bisschen aus der Stadt rauszuziehen,* weil es kein Grün und kein Parterre gibt, diese Stadtteile funktionieren nur in Richtung raus, und auch wenn man natürlich niemals mit den Leuten sprechen würde, die da wohnen, unterstellt man ihnen, dass sie rauswollen, dann kann man guten Gewissens wieder zurück in die eigene Wohnung fahren, um dann da zu sitzen, und sich weiter einfach vornehmen, bald unbedingt mal Dumplings selbst zu machen. Die Stadt, in der man wohnt, besteht eben zu großen Teilen nicht aus der Stadt, in der man wohnt, sondern aus den Leuten, die niemals in der Stadt wohnen würden, wenn sie denn jemals wüssten, wie diese Stadt wirklich ist. Jede Stadt funktioniert nur relativ zu ihren Scheißteilen, die es eben gibt, das hat die Gesellschaft mal gewollt und dann gebaut.

Ab einem gewissen Zeitpunkt waren *Roadtrips* für junge Leute wichtig, ich will gar nicht wissen, wann das anfing, es ist Herrschaftswissen von anstrengenden Männern, die auf Partys *Parisienne* rauchen und an irgendeinem Punkt sagen, dass sie *niemals ihr Führerscheinbild* zeigen würden, in der bloßen Hoffnung, dass sie doch jemand lang genug triezt, damit sie es allen zeigen dürfen, dreimal durchdachte Pseudo-Schüchternheit, diese Männer jedenfalls fahren im Sommer noch mit Freunden nach Italien, mit dem Auto vom Vater eines Freundes, es gab vielleicht einfach zu viele Bücher in meiner Jugend, die dann ja auch automatisch die Jugend von unendlich vielen anderen Menschen war, in denen Roadtrips zu dieser kathartischen Sache stilisiert wurden, in denen am Anfang ein Versprechen und am Ende eine Erkenntnis standen, nach fünf dieser Bücher glaubt man, dass man früher oder später von der Ostsee nach Zürich fährt oder andersrum oder eben aus der westdeutschen Provinz raus, es geht ja emotional gesprochen im Grunde immer um die westdeutsche Provinz bei allem, vermutlich hat das den Blick auf die Bedeutung von innerdeutschen Autofahrten verklärt, es gibt Leute, mit denen plant man ab dem vierten Bier zwangsweise eine baldige Fahrt nach Brandenburg oder an die Ostsee oder nach Italien, diese Roadtrips passieren natürlich nie, es bleibt ungeklärt, ob irgendjemand an irgendeiner Stelle sie wirklich ernst meint, jedenfalls sagen alle dann sehr aufgeregt, *wir machen das wirklich,* und natürlich wird das alles nie gemacht, wieso auch, insgeheim weiß man ja schon, dass mit dem Auto irgendwo hinfahren und da dann drei Tage dasselbe T-Shirt tragen nichts heilt, Liebeskummer wird übrigens auch nicht besser, wenn man die A 2, ich will fast sagen: *runterbrettert,* er wird nur schneller, und die eigene Traurigkeit findet dann eben auf Rastplätzen statt, zwischen Bifi Carazza und Cola Zero.

Ich stand mal auf einer Party rum, vor Jahren, in einem dieser Räume, die es nur in Wohnungen von Pärchen ohne Kinder und mit Vollzeitjobs gibt, in denen es wegen schlimmen Geldüberschusses ein Zimmer zu viel gibt, in dem immer alles ein bisschen rumsteht und das gerne Arbeitszimmer genannt wird, obwohl da auch die alte Kommode der Großeltern steht und der Kontrabass, den keiner von beiden so richtig spielt, es ist das Zimmer, das beiden ein bisschen egal ist, weshalb man darin rauchen darf, in einer dieser Ecken lagen auch jahrehohe Stapel der *NEON,* über die man sich ab irgendeinem Punkt mit Beck's-Rausch etwas zu laut lustig machte, obwohl wir alle, wie wir da standen, mit unseren gut sitzenden Jeans und unseren außergewöhnlichen Sneakern, deprimierend genau der Zielgruppe des Magazins entsprachen, wir waren *NEON,* wäre sie nicht irgendwann eingestellt worden, weil selbst Menschen wie wir irgendwann nicht mehr wissen wollten, wie Menschen wie wir in einer perfekten Welt leben sollten. Auf dieser Party war dieser Typ, mit dem ich sicher eine so oder so gelagerte Emotion verband, wie auch immer, er griff das erste Heft, vermutlich bereit, sich unter großer Selbstaufgabe über den erstbesten Text lustig zu machen, den er aufschlagen würde, und das Erste, was er aufschlug, war ein Text von mir. Das war natürlich ein leichter performativer Widerspruch, wie ich da mit angesoffener Häme so tat, als wäre ich nicht Teil des Klubs gewesen, als wäre ich nicht auf der Abschiedsparty der *NEON* gewesen, als wäre ich nicht auch zwischendurch etwas verlorener, weil ich mit dem Wissen durch die Welt gehen muss, dass es für mich kein Notfall-Lebensgefühl mehr am nächstbesten Kiosk zu kaufen gibt. Der Text handelte von

Roadtrips, und er war wirklich gut, ich erinnere mich, wie stolz ich auf die Gedanken und Ideen darin war, wie ich oszillierte zwischen unerträglichem Hohn und großer Sehnsucht, ich war also so radikal Teil der Mitte, wie die NEON-*Familie*, wie sie sich nicht nannte, es gern hatte, und auch an diesem Abend schaffte der Typ mit der *NEON* in der Hand es nicht so recht, sich ausreichend über mich lustig zu machen, *irgendwann fahren wir mal wohin,* sagte er mit dem Minimalaufwand, den menschliches Miteinander gerade noch so braucht, mit dieser zeitlichen Unverbindlichkeit, die Männer in dem Alter, in dem ich mich tendenziell in sie verliebe, an den Tag legen, was dazu führt, dass man die kommenden Wochen digital so umeinander rumscharwenzelt, *apropos: wir haben noch ein Date offen,* schreibt man sich dann gegenseitig, bis es verjährt oder einer von beiden entscheidet, das eigene Leben jetzt mal ernst zu nehmen, vielleicht weil man sich für die Stühle auf dem eigenen Balkon schämt, vielleicht weil es dieses Jahr super reinpassen würde, sich in jemanden zu verlieben. Es ist die etwas realistischere Variante vom betrunkenen Planen eines Roadtrips, es ist wie diese Lieben, die nicht aufregend, sondern sehr bequem anfangen, wo sich alle Beteiligten nach wenigen Wochen versichern, dass sie sich lieben, und dann wird es schnell fürchterlich langweilig, und sie sagen, *das ist genau das, was ich brauche,* und erstaunlicherweise wird dann viel über verschiedene Expartner gesprochen, mit denen es gar nicht langweilig, aber eben auch gar nicht gesund war. *Irgendwann fahren wir mal wohin* ist das Experiment, wie weit man bei Leuten kommt, ohne sich auch nur den Ansatz von Mühe zu machen, und natürlich würde er mich niemals abholen, wir würden niemals *irgendwohin fahren,* und selbst wenn, würden wir im Auto nur ironisch Radio hören, immer nur ironisch, ironisch prollige *EDM*-Stadtradios oder *Deutschlandfunk Kultur,* als wären wir der Typ Mensch, der vom Hörfunk nicht eingefangen werden kann, dann rausfahren bis in den Speckgürtel, da kurz Betroffenheit, dann schnell weiter raus, denn so eine Stadt ist im Grunde aufgebaut wie Wachstumsschmerz, man muss an den Plattenbauten vorbei, ehe man die rührenden Landstraßen sehen kann, wo an den Straßenrändern Erdbeerstände stehen, die aussehen wie sehr große Erdbeeren, eine Wahnsinnsidee, die da irgendwann mal jemand hatte, *und wo kauft man diese Dinger?,* denkt man sich, *und wieso gibt es die nicht für Spargel?* Dann schnell an einen See, denn wenn aus Erdbeerhäuschen Erdbeeren verkauft werden, ist garantiert in Tankfüllungsnähe ein See, ein Ort, an dem alles so eine Schrebergarten-Schmuddeligkeit in den Ecken hat, wo man dann parkt und ein Eis isst, wo die Umgebung einen zwingt zu *schlendern,* das wäre dann eine fabelhafte

Kennenlernanekdote, wenn der Typ und ich *irgendwann wohin fahren würden,* wenn wir am Wasser stehen und Sandwich-Eis vom Späti essen würden, *weißt Du noch, als wir uns kennengelernt haben, nein, ich weiß ganz sicher, dass es ein Freitag war, nein Du legst zuerst auf,* ich würde viel Energie darauf verwenden, nachdenklich und schön aufs Wasser zu schauen, da bin ich am Ende einfach Mensch, er würde sich natürlich nicht auf mich, sondern aufs Eis konzentrieren, aber falls er doch rüberschauen würde, wäre ich bereit, *I was born ready,* fast wie Springsteen, dann der Gedanke, dass es das jetzt sein könnte, zum letzten Mal das erste Mal mit jemandem *wohin gefahren sein,* nie wieder darauf warten, von Dates schlecht behandelt zu werden, wir Frauen leben ja dafür. Dann der Gedanke, dass man Städte eben auch immer teilt, die Stadt, in der man jemanden kennenlernt, mit dem man drei Jahre später immer noch über heute spricht, ist dann automatisch die Stadt, in der man mit diesem Menschen zusammenwohnt und so weiter, und ab dann wird es kompliziert, es ist die Stadt, in der man sich gegenseitig spontan mit dem Fahrrad besucht und eine Schublade frei geräumt bekommt und später eine Hälfte des Arbeitstisches, es ist die Stadt, in die man zurückkommt nach den Weihnachtsferien in irgendeiner Heimat, es ist die Stadt, in der man versucht, was von Ottolenghi nachzukochen, und zufrieden daran denkt, dass die Zeit des ewigen Risottorührens vorbei ist und dass es für damals irgendwie okay war, man schließt so eine Art von Frieden mit früher, weil es heute eben viel besser ist, und man ist dann plötzlich auch einer von diesen Menschen, die auf dem Markt Granatäpfel eindrücken, um die richtigen zu finden für den Hummus, den man heute Abend zusammen nachkochen möchte, es ist die Stadt, in der man sich zwischendurch ein bisschen für den Spott von früher schämt, wie man alle hasste, die waren wie man selbst, wie man sich über jedes einzelne Teil Inventar amüsierte, das man besaß, weil man, wenn man nur von außen dabei zusah, nicht so richtig wusste, dass das alles Spaß macht, das Granatäpfeleindrücken auf dem Wochenmarkt, das bescheuerte Pizzaessen mit Nüssen und teurem Käse, von außen wirkt es albern, von innen ergibt das alles Sinn, wenn man mitmachen darf beim Fahrradschieben durch Stadtteile, beim Trinken von Kaffeespezialitäten in niedlichen Cafés, das alles ist nur Teil eines größeren Plans, weil man danach wieder in eine gemeinsame Wohnung fährt oder lacht über etwas, worüber man seit Wochen lacht, alles ergibt von innen immer etwas mehr Sinn. Man kann sich die Peinlichkeit einer Handlung eben mit jemand anderem teilen, denn während man Risotto kocht, findet man Risotto meistens ja eben auch nicht so schlimm. Das alles würde ich denken und mein Eis aufessen, und dann käme die Rückfahrt, die sich anfühlen würde wie der Rückweg von einem verlorenen Auswärtsspiel, dann würde ich daran denken, dass das gerade auch eine Autofahrt zum Supermarkt oder zu seinen Eltern sein könnte, dann natürlich sofort diese Spaziergangsbeklemmung, die ich samstags spüre, wenn Paare auf der Straße an mir vorbeilaufen, ich empfinde nie Fremdscham, aber ich empfinde ständig Fremdlangeweile, weil sich mir die Ratlosigkeit von Leuten aufdrängt, wie sie wahllos durch ihr Viertel *schlendern,* wofür haben wir denn den Spätkapitalismus, man muss doch wirklich nicht mehr *schlendern*, wie sehr muss man nichts mehr mit sich anzufangen wissen, dass man einfach ein bisschen rumläuft, *trennt euch,* denke ich dann immer, vielleicht werdet ihr dann wieder spannend, oder es wird zumindest fair, denn wenn ihr langweilig bleibt, könnt ihr das wenigstens nicht mehr auf den anderen schieben.

Irgendwelche Leute behaupten, ich sei in der Blüte meines Lebens. Wer siebenundzwanzig Jahre alt ist, sollte so leben, dass sowohl das fünfzehn- als auch das vierzigjährige Ich stolz auf einen wäre, und niemals, wirklich niemals, war es Teil des Plans, an stehenden Gewässern Milcheis zu essen und sich dabei über das Leben zu freuen, *irgendwohin fahren,* das kann ich auch noch, wenn ich tot bin. Ich nehme dann ein Taxi nach Hause.

Die Stadt, in der man siebenundzwanzig Jahre alt wird, ist die Stadt, in der man plötzlich keine Angst mehr vor Taxifahrten hat, weil man jedes mögliche Gespräch mit einem Taxifahrer schon mal geführt hat, die Stadt hat ein oder zwei Straßen für einen übrig, in denen wirklich gute Sachen passiert sind, man grinst natürlich, wenn der Taxifahrer an ihnen vorbeifährt, die Stadt, in der man siebenundzwanzig Jahre alt wird, ist auch die Stadt, in der man in der Regel das erste Mal wirklich miterlebt, wie Menschen um einen herum vierzig Jahre alt werden. Als die Eltern vierzig wurden, war man irgendwie noch zu klein, um das mit einer Lebenskrise in Verbindung zu bringen, man wusste noch nicht, dass dieses Alter etwas bedeutet, aber die Stadt, in der man mit siebenundzwanzig Jahren wohnt, ist die Stadt, in der man Leute trifft, die in Anwesenheit von einem selbst plötzlich vierzig Jahre alt werden, und man begreift, dass diese Panik, in der schmale Sakkos gekauft und Wohnungen *mit ordentlich Verlust im Vergleich zu 2002* verkauft werden, weil: klar, macht man am Ende *ein wenig Plus,* aber *man hat ja auch ordentlich was reingesteckt*, es ist also die Stadt, in der einem zum ersten Mal sanft vor Augen geführt wird, dass es irgendwann ein Gefühl von Verlorenheit geben wird, das diese vergleichsweise sanfte *teenage angst*, mit der man seinen Körper durchs Leben schleppt, bei Weitem übertrifft. Es ist die Stadt, in der man natürlich denkt, es mit vierzig Jahren einfach ein wenig besser und eleganter zu machen als die anderen, ein wenig gründlicher gelebt zu haben, weil man ja immer noch siebenundzwanzig und deswegen überheblich ist, es ist aber eben auch die Stadt, in der man schon mal in vorauseilendem Unglück auf dem Boden einer Wohnung sitzt und daran denkt, dass diese Behauptung, dass immer alles besser wird, offensichtlich gelogen ist, vielleicht, denkt man weiter, wird man mit vierzig Jahren wieder auf dem Boden einer vermutlich anderen Wohnung sitzen und denken, *mein Leben ist scheiße, und die Dielen müssen noch abgezogen werden, bevor ich den Bumsschuppen verkaufe,* ich habe vor all diesen Dingen Angst. Vierzigste Geburtstage sind offenbar so schlimm, dass sie immer nur *fast* gefeiert werden, es sind diese Meilensteine, die als Eventualität sechs Monate im Voraus besprochen und angeplant werden, aber alle, die um mich herum vierzig wurden, haben es dann doch heimlich hinter sich gebracht, gerade so selbstmitleidig, dass man sich auch nicht mehr getraut hat, das Thema Alter überhaupt anzusprechen, und Geburtstage, die dann doch nicht stattfinden, sind natürlich grausam, weil sie natürlich stattfinden, aber eben nur mit den wenigen

Leuten, die wirklich wichtig sind, und man selbst ist ja selten wirklich wichtig. Es ist also die Stadt, in der man einsieht, dass man mit siebenundzwanzig Jahren immer noch für zu wenige Menschen Teil des sogenannten engen Freundeskreises ist, die Frage, woran das liegen könnte, entscheidet man zu verdrängen, bis man neununddreißig ist, was soll schon schiefgehen.

Die Stadt, in der man mit siebenundzwanzig Jahren wohnt, ist die Stadt, in der man vertagt, entweder eben weil man verdrängt oder weil man alles auspackt und weiß, dass noch nicht genug da ist, um alles abzuarbeiten. Die Dinge, die man vertagt, sind die Charakterzüge, die man leider nicht hat, die Lieben, die einem entgangen sind, die Kindergeburtstage, an die man sich nicht erinnern kann, weil man immer nur an diesen einen einzigen denkt, an dem Papa nicht da war, weil er länger arbeiten musste. Ich bleibe dabei: Es geht immer um das, was fehlt.

Es ist die Stadt, in der man hofft, zum Ende des Jahrzehnts einen Therapeuten zu finden oder mindestens eine neue Beziehung, man kriegt langsam diese demonstrative Gelassenheit, der niemand so recht vertraut, man kriegt sie, wenn die ersten Krisen verhandelt und abgelegt sind, nachdem man ein paar Monate an Seen rumstand und sehr bei sich war oder die neue Wohnung so langsam eingerichtet hat, als würde man hoffen, dass einen jemand dabei aufhält. Man weiß dann, dass man in der Regel ein ganz kräftiges Kerlchen ist und das alles schon irgendwie hinbekommt, man weiß, dass das Leben in der Regel weitergeht. Und vor allem weiß man dann, dass es niemandem um einen herum anders ergeht. Zumindest ab und zu. Zumindest den meisten.

Der Taxifahrer fragt seine übliche Frage, ob ich durch den Tunnel fahren wolle oder lieber am Hauptbahnhof vorbei, ich sage, was ich immer sage, nämlich dass er gerne fahren könne, wie er möchte, er kenne den Weg sicher besser als ich, ich sage das, weil ich will, dass er mich mag, und er fragt, weil er Verantwortung abgeben möchte. Er ist zögerlich, und das rührt mich, wie wir da sitzen, wie ein erwachsener Mann mich gegen Geld zurück in meinen Stuck fährt und wie ich im letzten Jahrzehnt vom Internet zu Tode empowert wurde, so sehr, dass die guten Tage mehr als Ausgleich sind für die Tage, an denen ich mir vor Selbsthass ins Gesicht schießen möchte, und ich meine das null unsolidarisch mit dem Feminismus und den Frauen, ich meine das nicht im *Jetzt-ist-auch-mal-gut-mit-Gleichberechtigung-CDU-Sinne,* aber es ist natürlich die beste Zeit der Welt, hier gerade eine junge Frau zu sein, alle wollen Kampagnen, alle wollen neue Stimmen, alle wollen wissen, was *wir* denken, weit über den Punkt hinaus, dass man sich noch trauen würde, darauf hinzuweisen, dass es so was wie ein *Wir* nicht unbedingt gibt, *ich* jedenfalls sitze mit so einem aggressiv antrainierten Selbstbewusstsein auf dem Rücksitz, dass sogar der Taxifahrer *mich* nach dem Weg fragt, er wird natürlich nicht empowert, vielleicht ist seine Identität in zwei Jahrzehnten gefragt, denke ich, vielleicht lebt er dann noch und dann gibt es Panels und Talkrunden für ihn, man weiß es nicht. *Gerne am Hauptbahnhof vorbei,* sage ich dann doch, *da ist jetzt sicher weniger los.*

Dann die Stadt, in der man zum ersten Mal versteht, dass Orte besser zu einem sind, wenn man nichts von ihnen verlangt, dass dieses diffuse Nichts, weswegen man sich in überflüssigen Austauschjahren und Bologna-Semestern so wohl gefühlt hat, daraus gespeist wurde, dass man sich absichtlich in einen Ort gesetzt hat, dem man nichts abverlangte. Es war die reine Dekadenz, seine Zeit ausgerechnet in Barcelona abzusitzen, es war ausnahmsweise keine Lebenslaufeitelkeit oder die Stadt, in die man zieht, weil man glaubt, dem Menschen, den man liebt, einen Gefallen zu tun, oder den Eltern oder dem Arbeitgeber, es sind nur Städte, in denen man *sein* will, sie sind deswegen automatisch sanfter zu einem, ihre Straßen gehen mit weniger Härte gegen einen vor, weil ohnehin jede Bewegung eine Art Gnadenakt ist, schaut her, ich müsste hier nicht sein, in Oldenburg, aber ich bin es trotzdem, ich trinke hier meine Biere, und ich rauche meine Zigaretten, alles, was ich tue, ist ein ganz kleines bisschen freiwilliger als damals, in Sowieso, wo ich einen triftigen Grund hatte, der über massiven Bock hinausging. Es ist aber auch die Stadt, in der man mehr aufrechnet, wie in einer schlechten Beziehung, weil man es nach zwei zu schlechten Abenden als Anmaßung empfindet, nicht ständig die Zeit seines Lebens zu haben, als sei die eigene Anwesenheit ein Geschenk für Land und Leute, aber die eigene Anwesenheit ist Städten eben immer egal, es ist nämlich auch die Stadt, in der diese Abende passieren, an denen man es nicht mehr für so überbewertet hält, mit siebenundzwanzig zu sterben, es sind die Abende, an denen keiner kommt oder alle da waren, an denen man nicht fotografiert wurde. In der Regel kommt an irgendeinem Punkt auch ein Brief, oft fangen Krisen ja mit Briefen an, oder mit langen Telefonaten oder mit der Einsicht, dass man selbst die schönsten Phasen des Lebens bestreitet mit der Angst, dass es bald wieder anders wird, oder mit der Angst, dass das wirklich die schönsten Phasen des Lebens sind, dass da also nichts mehr kommt, dass es im Nachhinein echt nicht nötig war, wegzuziehen aus der Stadt, in der man groß geworden ist. Und man macht nicht rechtzeitig das Internet auf, in dem ein nachdenklicher Spruch einen drauf hinweist, dass die guten Zeiten zwar vorbeigehen, aber die schlechten eben auch. Und das ist ja wahr. Die guten Zeiten gehen vorbei, die schlechten aber auch.

Am Hauptbahnhof ist stockender Verkehr, logisch, es ist irgendeine Uhrzeit, zu der das Sinn ergibt, der Taxifahrer sieht aus, als hätte er das geahnt.

Und irgendwann wohnt man in der Stadt, in der man merkt, dass man in Nuancen immer so unglücklich sein wird, wie man es eben immer schon war, genau wie in allen Städten zuvor, weil man sich selbst eben bei keinem Umzug loswird, am Ende zerrt man sich von Altbau zu Altbau und achtet sehr angestrengt darauf, dass bloß nicht die *Wohnstandards* sinken. Es ist auch die Stadt, in der man merkt, dass die meisten Dinge, die man sich aus Filmen abgeschaut hat, im echten Leben komplett albern sind, so rauchen, zum Beispiel, dass man die Handfläche bei jedem Zug über der glühenden Zigarette hält, mit verträumten Mädchen befreundet sein und emotional starren, Starren ist der größte Scheiß aller Zeiten, auch wenn es in Filmen immer irre lakonisch und vielsagend aussieht, man versucht das ein paarmal im echten Leben und merkt, dass Kryptik einfach keinen Spaß macht, sitzt zu unterschiedlichen Jahreszeiten mit Menschen in Räumen und auf Balkonen und führt Platzhaltergespräche, die, in denen jemand bedeutungsschwanger *Danke* sagt, und man fragt, *wofür,* und das Gegenüber sagt, *dafür,* und dann schaut man sehr vielwissend in die Ferne, die natürlich nie die Ferne ist, sondern der verkümmerte Basilikum-Topf oder das Fenster der Nachbarn im Innenhof, schon wieder versucht man zu starren, in jeder Stadt hat man aufs Neue versucht, Leute wortlos zu verstehen, und immer kommt nur Müll dabei raus, *danke dafür,* denkt man missmutig, *ich weiß schon, wieso ich Dich gleich verlassen werde.*

Der Taxifahrer lässt bei jedem Weiterfahren im Hauptbahnhofstau sehr bedächtig und mit großem Respekt für das Getriebe die Kupplung kommen, er bleibt auch nicht aus Faulheit im ersten Gang, er weiß ja, dass er in ein paar Metern ohnehin wieder abbremsen müssen wird, jedes Mal schaltet er schnell in den zweiten und bremst wenig später ebenso bedächtig wieder ab, schaltet runter, wenn es nötig ist, und wirkt wie die Ruhe selbst. Zwischendurch guckt er in den Rückspiegel, um nachzuschauen, ob ich schon ungeduldig werde, danach kontrolliert er den Preis, den das Taxometer mittlerweile anzeigt, ich will ihm sagen, dass es nicht zu viel sei oder dass es mir egal sei, wie viel es kostet, aber es gibt keine sympathische Art, so was zu sagen.

Die Stadt, in der man mit siebenundzwanzig wohnt, hat viel damit zu tun, in welcher Stadt man groß geworden ist. Menschen aus Stuttgart schaffen es früher oder später nach Berlin, Menschen aus Böblingen schaffen es nach Stuttgart, Menschen aus Berlin ziehen irgendwann nach Böblingen, wegen der Liebe oder so einem Scheiß, Menschen aus Bremerhaven nehmen, was sie kriegen können, Hauptsache, weg. In der Stadt, in der man groß wird, wiederum, kriecht die ganze Kindheit lang diese Vorahnung aus allen Ritzen, dass man wohl zu diesen Menschen gehört, die Trostlosigkeit verdient haben. Man merkt das daran, ob das Plastik an den Bushaltestellen von *BIC*-Feuerzeugen in Teenie-Händen angekokelt wurde und wie die Jugendtreffs aussehen, ob ein *REWE* fußläufig ist, ob es in dem Supermarkt, in dem man einkauft, *Lindt*-Schokolade gibt. Wenn es denn *Lindt*-Schokolade gibt, ist noch alles möglich. Wenn Mama manchmal *Lindt*-Schokolade kauft, ist alles schon entschieden. Man muss Kindern nicht sagen, ob sie arm groß werden, die Häuser um sie herum sagen es ihnen schon. Schwierig wird es, wenn man so groß wird, wie die CDU gerne behauptet, dass alle groß geworden seien: Vorstadt, Mittelschicht, westdeutsch, alkoholkrank. Das Milieu, in dem ich groß geworden bin, wird fälschlicherweise behandelt wie die vielseitigste Blutgruppe von allen, man glaubt, alle könnten mit uns etwas anfangen. Meine Erfahrungen sind immer ein bisschen allgemeingültiger als die der anderen. Niemand sagt, wie inspirierend mein Aufwachsen in der westdeutschen Mittelschicht war, denn das war es ja auch nicht, oder: Das war es, aber eben genauso inspirierend wie jedes andere Aufwachsen, man hat diese Geschichten nur endlos oft gehört, ich habe die Langeweile zu hassen, aus der ich komme, und ich habe zu hassen, wohin sie mich treibt, die gleichgültige Nachdenklichkeit, die meine Nachbarn spielen, dieses verblendete Konzentrieren auf köstliche Falafelgerichte und gemütliche Cafés, bestimmt wäre das, was ich erlebt habe, inspirierend, wenn es nicht schon unendlich oft erzählt worden wäre, weil Leute, die da herkommen, wo ich herkomme, ihr verdammtes Maul nicht halten können und immer und immer wieder die gleiche Geschichte mit anderen Namen erzählen. Dann halt Michael statt Matthias, dann eben Sonja statt Mareike, aber als Kinder habt ihr geschaukelt, und als Teenies habt ihr gekifft.

Meine Herkunft besteht aus weitläufigen Wiesenflächen hinter eigenen Immobilien, Grillfesten mit marinierten Nackensteaks, die man sich damals noch ohne Scham in der Kühltheke eines *Lidls* kaufte, meine Herkunft besteht aus Streit um den ersten Vollrausch, Lob für eine Zwei plus im Zeugnis, dem

Gefühl, dass man alles werden könne, wenn man sich nur doll genug anstrengte, und der Erfahrung, dass die Eltern die Welt um uns herum schon ganz richtig eingeschätzt haben, als sie uns das sagten. Sie besteht aus dem Gefühl, ein Anrecht darauf zu haben, den Eltern nicht im Haushalt zu helfen, Gestöhne, wenn man doch helfen muss den Tisch abzuräumen, sie besteht aus Nachmittagen in Eiscafés, während man hofft, bald endlich in der Großstadt wohnen zu dürfen, während allen am Bistrotischchen beim Essen des Bananensplits aus jeder Pore die Überzeugung tropft, dass sie das verdient hätten, ein Leben ohne Verpflichtungen, dafür mit viel Undankbarkeit, eingewickelt in einen irrelevanten Studiengang, ein paar Semester Gleichgültigkeit absitzen, bis es Zeit für ein *inspirierendes* Auslandssemester sei. Wenn Papa am Zwanzigsten des Monats noch mal Geld überweisen muss, weil man zu oft mit den anderen aus dem Jahrgang Nudeln essen gegangen ist beim Italiener, weil die Mensa *schon auch eklig* ist, dann ist Geld nichts, worüber es sich weiter nachzudenken lohnt. Man muss erst gar nicht begreifen, dass man von manchen Dingen jetzt das Billigste kaufen muss, wenn man mit dieser Summe im Monat über die Runden kommen will, meine Herkunft besteht aus der Ratlosigkeit vorm Käseregal bei dem Versuch rauszufinden, wieso man jetzt auf einmal ein Gefühl von Scham empfindet, den billigsten Gouda kaufen zu müssen. *Mein Leben*, denkt man dann, *bestand doch immer aus* Old Amsterdam, *was soll das*, und ehe man vom Leben gezwungen werden kann, diesen Gedanken zu Ende zu denken, hat irgendeine Tante wieder Geld zu irgendeinem besonderen Tag überwiesen. Die Frauen, die so aufgewachsen sind wie ich, lassen sich dann wegen des berechtigten Bauchgefühls, nicht interessant genug zu sein, an irgendeinem Punkt die Haare abschneiden, die Männer, die da herkommen, wo ich herkomme, reden ihr Leben lang zu viel und zu laut. Es geht immer um Geld, und es geht immer um das Gefühl, dass die Welt einem vielleicht auch einfach ein bisschen mehr schuldet als anderen, es ist das Peinlichberührtsein bei der Einsicht, dass man wütend wird, wenn man zum Teil des Problems gemacht wird, weil man insgeheim eben schon der Meinung ist, nicht wirklich zu den Weißen, den Reichen und den Nazis zu gehören, weil man doch so viele Texte darüber gelesen hat an den Unis, die von den Weißen und den Reichen gegründet wurden.

Das Gefühl, wenn man aus dem Zug aussteigt und plötzlich ahnt, irgendetwas Wichtiges im Abteil vergessen zu haben, dieses Gefühl habe ich, seit ich zu Hause ausgezogen bin. Ich habe längst Frieden damit geschlossen, dass es mir in den meisten Fällen schlicht zu lästig ist, beim Bezahlen einer Taxifahrt zu warten, bis der Fahrer eine Quittung geschrieben hat, bestimmt würde sich das lohnen am Ende des Jahres, aber bestimmt ist es am Ende des Jahres auch ein bisschen egal. Es nieselt, als ich aussteige, die Nervosität des Fahrers hat mich in meiner herablassenden Freundlichkeit radikalisiert, Leute, die mich lieben, sagen immer, ich sei zu hart zu mir, aber die haben ja nachweislich keine Ahnung. Das Taxi wartet, bis ich meine Haustür aufgeschlossen habe, das erinnert mich an früher, als ich zu Freunden zum Spielen gebracht wurde, und meine Mutter und so weiter.

Ich fahre selten in die Stadt, aus der ich komme, weil ich mir blöd vorkomme, wie ich die erste halbe Stunde in meinem Elternhaus in Schockstarre vor dem geöffneten Kühlschrank stehe und die Tatsache betrachte, dass in diesem Haushalt Milchprodukte ein eigenes Kühlschrankfach haben. Mit dem Übertreten der Türschwelle eines Elternhauses hat man sofort bestialischen Hunger auf Bratenreste in Tupperdosen, trockene Nudeln, die sich mit Gewürzketchup von *Hela* ergänzen ließen, einer Scheibe mittelaltem Gouda, außerdem bitte einmal kurz in das Glas mit den Gewürzgurken schauen, ein kleines Stück Sauerteigbrot mit Butter beschmieren, leider keine Marmelade da, *schade,* denkt man etwas vorwurfsvoll, stattdessen die *Kniffte*, wie das jetzt heißt, in drei großen und pubertär-hungrigen Bissen essen und währenddessen denken, *Mama hat auch schon leckereres Brot gemacht,* dann, nach ungefähr zweitausendfünfhundert Kilokalorien, wenn allmählich das erste Gefühl der Sättigung eintritt, das sich auf ein Gefühl des Hungers legt, den man ehrlich wahr nur in Elternhäusern empfindet, steht man noch zwangsweise staunend ein paar Stunden vor dem offenen Kühlschrank, das blaustichige Licht und die Kälte können nicht gut für die Augen sein, aber man muss unbedingt diese Vielfalt anstarren, diese Sauberkeit, diese verschiedenen Aufschnittarten, dass es einen Haushalt gibt, denkt man, der ganz ohne Anlass zweierlei Bündnerfleisch beherbergt, das ist ja allerhand. Währenddessen steht Mutter im jeweiligen Rücken des jeweiligen Kindes, ich halte das für ein sehr allgemeingültiges Stück, das in den *besten Häusern* aufgeführt wird, irgendwie ist sie stolz, vermutlich aber auch ein wenig besorgt um die häuslichen Fähigkeiten des eigenen Kindes, das beim Anblick von Grundnahrungsmitteln immer noch ins Staunen gerät. Dann stehen sich da zwei Generationen einer Familie in der Küche schweigend im Rücken und verurteilen sich aus emotional ganz unterschiedlichen Gründen.

Ich fahre selten in die Stadt, aus der ich komme, in das Haus, in dem ich groß geworden bin, weil ich es nicht ertrage, mir den ganzen Krempel anzuschauen, den ich irgendwann erben muss.

Wer so groß wird wie ich, erbt Zeug, und die Generation meiner Eltern hat unendlich viel Zeug. Ich hoffe, dass ich niemals so viele Dinge haben muss, zumindest sollte aber der Prozess des Ansammelns mit einem Mindestmaß an Freude verbunden sein, das konnte ich bei meinen Eltern nie beobachten, immer war es einfach *Kram*, der wurde in Konsolen mit Bleiglasfront gestellt, oder auf Kommoden, die neben Schirmständern standen, hinter den Fernseher, als *Gag* in das Bücherregal, damit dann vor Gästen gesagt werden kann, *ich fand das irgendwie witzig, als ich es im Laden gesehen habe,* diese ganzen Teelichter, die in den Sommermonaten auf Gartentische oder an Weihnachten auf Fensterbänke gestellt werden. Da, wo ich groß geworden bin, haben Teelichter Saison, außerdem die Souvenirs von Töpfermärkten irgendwo im Elsass, die Schüsseln auf den Wohnzimmertischen, in denen nur Lesebrillen und Streichholzschächtelchen und einzelne Haarklammern und kleine Batterien von der Fernbedienung liegen, nicht der des Fernsehers natürlich, sondern der der Lampen, ja, die Generation meiner Eltern kauft bei *Tchibo* eine fernsteuerbare Anlage zur Bedienung der Stehlampen im Wohnzimmer, wobei bei den Batterien nicht klar ist, ob sie leer oder neu sind, niemand wird sich je die

Mühe machen, es herauszufinden, sie werden bis zur Veräußerung des Hauses in dieser Schale liegen, die übrigens von einem ganz reizenden Kunsthandwerkermarkt ist und jetzt Unsinn und Staub eine neue Heimat bietet. Ich bin ein Mensch, der seine ganze Kindheit auf *witzigen* Sitzkissen verbringen musste, zwischen unzählbaren *gemütlichen* Kuscheldecken auf dem Sofa, zwischen Bleiguss-Deko und Herrgottswinkeln, man könnte die Gesellschaft sicher auch mühelos unterteilen in die, die im Elternhaus einen Herrgottswinkel hängen hatten, und die, die einfach normal groß geworden sind, beides würde sicher irgendwie Sinn ergeben.

Ich habe Angst vor dem Erben, weil es nach viel Arbeit klingt, nach viel Papierkram, nach Terminen beim Notar, nach steuerrechtlichen Fragen, außerdem sind dann natürlich die Eltern tot, das ist ja auch nie wirklich schön, das kann ja keiner wollen.

Eltern mit viel Zeug werfen nichts weg, vermutlich weil sie von sich selbst glauben wollen, dass sie sparsam seien, was bei der unvorstellbaren Menge an Zeug eine schwer erträgliche These ist, sie werfen nichts weg, weil sie glauben, dass man dies oder das früher oder später noch mal brauchen kann, dabei starrt man als Außenstehende beim Thema Krempel einen Berg von Kartons mit Haushaltsgegenständen aus den Achtzigern an, eine Mischung aus Mitgift und Hochzeitsgeschenken, Waffeleisen, Fondue-Sets, Kontaktgrills, alle noch in der Original-Verpackung, die nach BRD Noir aussieht und nach Keller riecht, die Geräte auch noch in den originalen Styropor-Steckvorrichtungen, die im Karton für Halt sorgen sollen, wer hat das jemals gebraucht, in welcher Welt ist man groß geworden, wenn man denkt, dass man pro Person mindestens drei außergewöhnliche Geräte aus Gusseisen braucht, um Speisen pfiffig zu erhitzen. Ich ertrage mich besser, wenn ich in die Stadt fahre, aus der ich komme, weil ich sehe, dass Eltern Zeug haben für mindestens zwölf Leben, weil es mich dann nicht mehr so stört, dass Zwölfjährige meine Wohnung scheiße finden und Zweiunddreißigjährige auch, weil ich dann merke, dass ich die Antwort nicht mag, aber froh bin, die Frage gestellt zu haben, ich fahre selten in die Stadt, aus der ich komme, weil ich natürlich nicht nur meine Straße und meine Stadt verachte, sondern auch die Straße meiner Eltern und ihre Stadt, weil ich in den hellen Momenten an dem Platz am Esstisch sitze, an dem ich schon als Kind saß, beschämt in einer Quarkspeise stochere, die Mutter zubereitet hat, weil sie seit fünfzehn Jahren denkt, dass es mein Lieblingsdessert sei, weil ich einmal so was gesagt habe wie *lecker*. Ich ertrage mich schlechter, wenn ich in die Stadt fahre, aus der ich komme, weil ich merke, wie irre saturiert das ist, sich ein Studium finanzieren zu lassen von den eigenen Eltern, nur um sich danach so viel schlauer zu fühlen als sie.

Wenn ich in die Stadt fahre, aus der ich komme, denke ich an Jahre der Mittelstufe, in denen es nie alle in der Klasse schafften, morgens Deo zu benutzen. Ich denke außerdem an Nudelgerichte in der Mensa und an Schattenmorellen, die ich bei irgendwelchen lebensbejahenden Nachbarn aus den Bäumen pflücken durfte, die das wirklich nur erlaubten, weil sie es rührend fanden, zu diesen Leuten zu werden, die die Nachbarskinder in ihren Bäumen rumklettern lassen.

Wenn ich in die Stadt zurückfahre, aus der ich komme, ist 2010 und heute zugleich, und ich denke an die Feldwege und die Briefkästen, merke, dass sich wirklich gar nichts verändert hat, dass wir alle immer noch nur diese Kinder sind, um die mittlerweile nur mehr Fleisch gewachsen ist, dass die Menge an Dingen, die wir haben, ein bisschen größer wird, aber wir sonst genau gleich unerträglich sind, dass es sich also gar nicht gelohnt hat, woanders hinzuziehen oder zu studieren oder sonst was zu machen, weil die niedliche Ambition, die dahintersteckt, wohl überflüssig ist, dann aber denke ich wieder an Lena Meyer-Landrut und daran, dass ja offensichtlich doch Zeit vergangen ist seit damals, weil ich mir ganz sicher bin, dass es noch Klapphandys gab, als man sie auf einmal mochte, und es gab erste polyphone Klingeltöne, als man sich auf einmal fragte, *was mit ihr los sei,* es gab auch sicher schon das iPhone, als sie auf *arte* mit Casper in einem Auto rumfuhr und man dann entschied, sie *zickig* zu finden, Casper und Lena, es überstieg damals meine Vorstellungskraft, keine Meinung zu beiden zu haben.

Ich fahre selten in die Stadt, aus der ich komme, weil ich Angst habe vor dem Satz *Ich habe da einen interessanten Bericht im Fernsehen gesehen,* die Stadt, in der man groß wird, ist auch immer die Stadt, in der man den eigenen Eltern noch glaubt. Sie sagen: *Wir feiern dieses Jahr ganz entspannt,* und *Irgendwann reicht es auch mal.* Die Stadt, in der ich groß geworden bin, ist die Stadt, in der Massenmedien vertraut wird, es gibt eine Art Rederecht durch Fernseherfahrung, vielleicht wäre das bei mir genauso, wenn Fernsehen in meiner Jugend eine knappe Ressource gewesen wäre, wenn ich in einer Zeit groß geworden wäre, in der nicht alles und jeder sein eigenes Fernsehen machen konnte. Wäre ich damals, und mit damals meine ich: vor wenigen Jahren nicht überschüttet worden mit Dingen, die aus dem Fernseher fließen, hätte ich vielleicht auch dieses exklusive Grundvertrauen in Dinge, die mir von Fernsehsendungen erklärt werden. *Da habe ich letztens einen interessanten Bericht im Fernsehen gesehen*, sagen sie, und man findet diesen Satz als junger Mensch vielleicht ein bisschen rührend, aber wer ist man schon, vor ein paar Jahren noch hat man Udo Jürgens gegoogelt.

Und irgendwann wohnt man in der Stadt, in der man das Wichtigste überlebt hat, dann kann man im Nachhinein von der Jugend erzählen, aber das ist noch ein wenig hin. Das größte Leiden besteht ja daraus, alle paar Jahre ein paar Monate auf dem Bett zu liegen und an irgendeine Person zu denken, die nicht mehr da ist. Das geht schon. Es könnte schlimmer sein. Es ist die Stadt, in der man lernt, nicht mehr scheiße zu sein, nicht mehr so oft Adorno zu zitieren oder ernsthafte Gespräche über *den besten Japaner der Stadt* zu führen, es ist die Stadt, in der man nicht mehr stolz darauf ist, keine Pflanzen zu haben und keine gemütlichen Sitzgelegenheiten, es ist die Stadt, in der man plötzlich Flohmärkte versteht, dieses fröhliche Rumlaufen im Plunder fremder Menschen, einen ganzen Samstag damit zubringen, eine Vase, die bis vor ein paar Stunden noch dem Keller einer fremden Familie gehörte, durch die Stadt zu schleppen, auf dem Nachhauseweg ehrlich und vorfreudig überlegen, wo man sie hinstellen könnte, sich dann einfach mit einer großen Grundsätzlichkeit über all die Ecken in der eigenen Wohnung freuen. Es ist die Stadt, in der man die Leute nicht mehr für ihre Fahrräder hasst, man aber weiterhin weiß, wie *Tocotronic* das gemeint haben. Es ist die Stadt, in der man versteht, wieso Leute hässliche Citybikes fahren, weil man selbst schon mal an einer Ampel stand und Mühe beim ersten Tritt in die Pedale hatte, weil man nämlich schon wieder vergessen hatte, vorm Stehenbleiben in den niedrigsten Gang zu schalten, weil man mittlerweile weiß, wie schlimm Gegenwind sein kann, keine Faser im eigenen Körper will sich noch über Klappräder von Leuten lustig machen, *ihr macht es genau richtig,* denkt man auf einmal, *fahrt nach Feierabend ruhig mit der S-Bahn nach Hause, wir geben alle unser Bestes,* man versteht auch die Leute, die aus Style-Gründen Hollandräder fahren, man hat keine Emotion den Jungs gegenüber, die sich selbst Rennräder zusammenschrauben und ja, irgendwie rühren einen diese Menschen, die ein Fixie fahren. Ich erinnere mich nicht mehr, in welcher Stadt ich gelernt habe, was das Konzept eines Fixies ist, auch das gehört dazu, dass manche Erinnerungen sich örtlich nicht mehr einordnen lassen, vor allem dann nicht, wenn sie mit diesen Menschen zu tun haben, die man in ausnahmslos jeder Stadt kennenlernt, jeder kennt überall jemanden, der bouldert oder Germanistik studiert, sie erzählen in jeder Stadt dieselben Geschichten, nach ein paar Lebensjahren

Adoleszenz kann es auch gar nicht mehr das Ziel sein, sie auseinanderzuhalten, irgendjemand jedenfalls erklärte mir, wie Fixies funktionieren, dass sie nicht weiterfahren, wenn man nicht weitertritt, und auch wenn ich nicht weiß, in welcher Stadt ich gewohnt habe, als ich davon erfuhr, weiß ich, dass ich spätestens in dieser Stadt den Reflex verloren habe, mich darüber lustig zu machen, *sollen sie sich selbst und das Fahrrad doch spüren wollen,* denke ich, sollen sie doch alle Fahrrad fahren, wie sie wollen, ich liebe sie mittlerweile alle, außer Fahrradkuriere, die bleiben für immer die Pest.

Es ist auch die Stadt, aus der man gerne wegfährt, weil man weiß, dass man gerne wiederkommt, zum Beispiel über Weihnachten, weil man eben auch nur drei Jahre Schlangestehen in Supermärkten nach Feierabend und verpasste S-Bahnen brauchte, um sich den Hochmut von drei Jahren Studium abzutrainieren. Es ist die Stadt, in der man dann mit Menschen zusammenzieht und Risotto kocht, die Dinge heimlich macht, die man vorgibt zu hassen, überlegt, wieder einer Amateur-Fußballmannschaft beizutreten, aber feststellen muss, dass man am Wochenende zu wenig Zeit hat. Es ist die Stadt, in der man sich eigentlich gerne tätowieren lassen würde, aber nicht weiß, welches Motiv richtig wäre und ob einem das in fünf

Jahren noch gefällt, es ist die Stadt, in der man merkt, dass es egal ist, in welcher Stadt man wohnt, in welcher Straße, in welcher Wohnung, weil es immer nur um einen selbst geht und man sich selbst nirgends loswird. Man nimmt sich immer überall mit hin. Und das ist das Schlimmste und das Beste, was man über Erwachsensein sagen kann.

Es ist die Stadt, in der man langsam, aber sicher vergisst, wie die ersten Wohnungen aussahen, die man bewohnt hat, das klingt jetzt hochmütig, weil ich ja selber langsam ahne, dass siebenundzwanzig noch irre jung ist, aber man weiß eben nicht mehr so ganz genau, wie der Esstisch in der allerersten WG stand und ob im Badezimmer wirklich ein Poster von *Pulp Fiction* hing oder ob das nur so ein Allgemeinplatz in Sachen Erinnerung ist, weil man es schon viermal zu oft gesehen hat und das Poster auch Sinn ergibt im Badezimmer. Es ist natürlich auch die Stadt, in der man sich langsam, aber sicher an eine gesunde Scham ranarbeitet für all die Dinge, die man getragen, gesehen und geraucht hat in den Jahren davor, diese Scham ist gesund, weil sie mit der leisen Vorahnung einhergeht, dass das, was man gerade macht, in ein paar Jahren spätestens auch schon wieder irre peinlich sein wird, die ganze Stilsicherheit, mit der man seine Bücherregale bestückt und Altglas wegbringt, kommt einem jetzt in dieser Sekunde irre passend und zeitlos vor, aber wenigstens ahnt man heute, dass man das früher ja genauso gedacht hat und trotzdem diese Person war, die in der Uni mit dreierlei Farben unterstrichen hat. Es ist die Stadt, in der sich entgegen der komplett generischen Erfahrung aus der komplett generischen Kleinstadt – ja, oder eben dem Dorf, es macht keinen Unterschied – doch ein richtiger Mensch aus dem Allgemeinplatz rausschält. Es ist die Stadt, in der man aufhört, damit anzugeben, *alles von* The Cure zu kennen, niemand kann alles von *The Cure* kennen und immer noch am Leben sein, niemand braucht dieses eine T-Shirt von *Joy Division,* es ist die Stadt, in der man das *New-Yorker*-Abo kündigt, weil sich das Gefühl, ungelesene Magazine auf Stapeln zu sammeln, eben irgendwann als schal herausstellt.

Es ist halt die Stadt, in der man merkt, dass Ironie als Methode fürs Leben die meisten Leute nicht wirklich interessiert, dass sie sich ohnehin ganz schwer nacherzählen lässt, es ist die Stadt, in der man lernt, dass zwar alles mit allem zu tun hat, aber man deswegen nicht immer alles auf alles beziehen muss, das alles hat nämlich sehr sicher ganz viel damit zu tun, sich selbst aus einer bescheuerten Lebensart zu schälen, die mit einem überkommenen Männlichkeitsbild zu tun hat, aber ach je, Männlichkeitsbilder, nicht schon wieder Männlichkeitsbilder.

Es ist die Stadt, in der man feststellt, dass Spaß haben schlicht großen Spaß macht und dass man es eben auch nicht anders aushält als zumindest den Versuch zu unternehmen, Spaß zu haben. Früher oder später verabredet man sich doch mit Freunden zum Kochen, aus Ermangelung an Alternativen, und früher oder später steht man dann auf einem irgendwie gearteten Balkon und merkt, dass es im Prinzip ganz nett ist, dass man die Zeit ja ohnehin irgendwie rumkriegen muss und dass man dann eben auch die Dinge machen kann, die man als Behauptung weiterhin hasst, wenn man ohnehin irgendwas tun muss, kann man auch kleine Schälchen mit Erdnussflips füllen und Dips zubereiten, überlegen, was man am Wochenende mal kochen will, oder an irgendeinem Punkt in einem Auto sitzen und das Radio lauter machen, wenn Musik von Justin Timberlake läuft. Es ist die Stadt, in der man sich ergibt und Spieleabende veranstaltet und Videos auf *Whatsapp* weiterleitet, die *ausnahmsweise mal wirklich witzig* sind, die Stadt, in der man aufhört, ständig alles infrage zu stellen. Und wenn es wirklich so weit gekommen ist, wird man trotzdem schon ein paar Freunde weniger haben, und man würde es verstehen, wenn die ganzen wundervollen Leute, die man als Pose nicht in der eigenen

Küche haben wollte, dann eben irgendwann auch wirklich nicht mehr vorbeikommen würden. Man steht natürlich trotzdem im Supermarkt vor dem Regal mit den Chips und sieht sich das erste Mal mit der Frage konfrontiert, ob es einen deutschen Durchschnittsgeschmack bei Chipssorten gibt, ob man mit der Sorte Salz und Essig einigen auf die Füße tritt, man führt diese Überlegung sehr gründlich zu Ende, dabei weiß man ja, dass ohnehin nur noch die kommen werden, die man nicht vergrault hat, und die, die man noch nicht vergrault hat, haben eine große Resilienz an den Tag gelegt, keiner wird gehen, weil ihm Chips Typ ungarisch fehlen.

Es ist die Stadt, in der man merkt, dass die Frage danach, ob man eine *Payback*-Karte habe, einen mit jedem Mal ein kleines bisschen mürber macht, dass man langsam beginnt zu verstehen, woher bei Erwachsenen diese Müdigkeit kommt, dabei will man keiner von diesen Menschen werden, die noch schnell einkaufen gehen und dann die eigene Existenz am Warentrenner hinterfragen. Es ist die Stadt, in der man das Leben ein kleines bisschen zu sehr reinlässt, und es ist die Stadt, in der nicht ganz so viele Leute kommen, wie man morgens noch gehofft hatte, ein paar haben abgesagt, und ein paar schweigen beschämt, aber überhaupt kommen zu Partys ja ohnehin nie so viele Menschen, wie man gehofft hatte. Für die meisten Kartenspiele braucht man eh nur zwei Leute. Es ist die Stadt, in der man noch traurig wird, wenn man Freunde verliert, aber schon weiß, dass man neue finden wird.

Dann sitzt man in der Küche und beschließt, in Zukunft erst mal nicht mit dem Rauchen aufzuhören und weiterhin jeden Abend im Bett noch eine halbe Stunde nutzlos auf dem Handy rumzudrücken und auf gar keinen Fall mehr Sport zu machen. Man entscheidet, weiterhin heimlich Popmusik von Kinderschändern zu hören und sich alles in allem nicht zu bessern, weil das einfach wahnsinnig unglaubwürdig wäre. Es ist die Stadt, in der man merkt, dass man früher oder später eine Wohnung, eine Straße oder eine Stadt haben will, in der man nicht alles bei jedem Umzug niederbrennt.

Außerdem: Es macht sicher auch keinen Spaß, mit siebenundzwanzig Jahren zu sterben. In meiner Küche ist nahezu nichts passiert, ein paar Menschen haben Etiketten von Bierflaschen geknibbelt, einmal habe ich eine Melodie gesummt, ohne drauf zu kommen, aus was für einem Stück sie ist, *gleich hab ich's,* ein anderes Mal habe ich gedacht, dass es schön wäre, eine dieser Schubladen zu haben, in der Sicherheitsnadeln und Sekundenkleber sind, so, wie sortierte

Leute das sicher machen. Wenn ich in der Küche stehe, höre ich immer *Deutschlandfunk* und vermisse die Zeit, als sie noch die Staus durchgesagt haben, jede halbe Stunde, *ja, das war früher,* denke ich dann und wische mit einem Lappen irgendwelche glatten Flächen ab, einfach weil ich sonst nicht weiß, was man in einer Küche groß mit sich anfängt. Irgendwas ist das hier gerade, eventuell eine Intervention oder eine Inventur, wenn es aber was ganz anderes wäre, wäre ich jetzt traurig, und wäre ich traurig, würde ich das Radio ausmachen. Im *Deutschlandfunk* läuft stattdessen eine dieser Pling-Pling-Pling-Shows, die nach *Deutschlandfunk*-Maßstäben *beschwingt* sein soll, was bedeutet, dass der Moderator nicht so spricht, als lebten wir im Jahr 1960, sondern nur so, als käme er aus dem verarmten Landadel. Der Moderator erzählt von Maria Callas, der Opernsängerin, es geht um ihre Rolle der Violetta in *La traviata.* In der Schluss-Arie, sie heißt *Addio del passato,* was für diesen Moment auch einfach komplett egal ist, stirbt die Violetta, was wiederum ein sehr erwartbarer Opern-Move ist, die letzte Note der Arie brach Callas beim Singen absichtlich, das erzählt er betont angefasst, das machen Hochkultur-Menschen ja immer, die Schönheit des Moments mit einem Zittern in der Stimme aufzeigen, *das hat Popmusik nicht nötig,* denke ich dann immer, die letzte Note brach sie jedenfalls, statt sie voll auszusingen, sie tat das wohl Abend für Abend. Auf die Frage, wieso sie denn nicht so singe, wie die Partitur es eigentlich vorsehe, soll Callas geantwortet haben: *Because this is how you sing when you're dying.*

Und das ist vermutlich wahr, ich bin noch nie gestorben, und ich habe noch nie gut gesungen, aber der Grund, wieso man Maria Callas das abnimmt, wieso man ihr erlaubt, absichtlich von der Regel, dem Notenblatt, der Vorgabe abzuweichen, wieso Männer im *Deutschlandfunk* davon mit Besserverdiener-Tränen in den Augen erzählen, ist wohl, dass es eben keine Anmaßung ist, sondern Brillanz. Wer es perfekt könnte, aber absichtlich falsch macht, ist wohl einer großen Sache auf der Spur. Vielleicht ist es beim Erwachsenwerden genauso, zumindest denke ich das in diesem Moment, während ich unbenutzte Gläser in die Spüle stelle, und dieser Gedanke muss für heute reichen, ich werde das Ganze sicher nicht künstlich in die Länge ziehen. Das hier muss reichen für ein gutes Ende. Erwachsensein bedeutet zu wissen, wie es eigentlich richtig ginge, um es dann absichtlich falsch zu machen. Oder aber es ist völlig anders. Was weiß ich schon, ich bin siebenundzwanzig Jahre alt, verdammt. Verzeihung, falls das alles falsch rüberkam, ich will ja gar nicht Bescheid wissen. Danke, auf gar keinen Fall.

Danke an meine Lektorin Mona Lang, ich schreibe zu großen Teilen nur, damit wir mehr Zeit miteinander verbringen können. Wie immer auch: vielen Dank an meine Verlegerin Kerstin Gleba. Danke an Helge Malchow, Anna Meierling und Kristine Meierling. Danke an Maria Lorenz, Nilz Bokelberg, Caterina Lobenstein, Robert Pausch, Simon Dömer, Matthias Kalle, Tilman Rammstedt, Nele Pollatschek, Miriam Junge, Tobias Rüther. Danke an David Hugendick.

Sophie Passmann, 1994 geboren, ist Satirikerin, Autorin und Moderatorin. Ihr Buch »Alte weiße Männer« stand wochenlang auf der SPIEGEL-Bestsellerliste, sie schreibt eine monatliche Kolumne im ZEIT Magazin und war Ensemble-Mitglied beim Neo Magazin Royale. Sie twittert mehrmals täglich, ohne, dass sie jemand darum bittet.

Aus Verantwortung für die Umwelt hat sich der
Verlag Kiepenheuer & Witsch zu einer nachhaltigen
Buchproduktion verpflichtet. Der bewusste Umgang mit
unseren Ressourcen, der Schutz unseres Klimas und der
Natur gehören zu unseren obersten Unternehmenszielen.

Gemeinsam mit unseren Partnern und Lieferanten setzen
wir uns für eine klimaneutrale Buchproduktion ein,
die den Erwerb von Klimazertifikaten zur Kompensation
des CO_2-Ausstoßes einschließt.

Weitere Informationen finden Sie unter:
www.klimaneutralerverlag.de

FSC
www.fsc.org
MIX
Papier aus verantwortungsvollen Quellen
FSC® C083411

Verlag Kiepenheuer & Witsch, FSC® N001512

4. Auflage 2021

Covergestaltung Barbara Thoben, Köln
Covermotiv © Patrick Viebranz
Gesetzt aus der Bely von Roxane Gataud und der Bodoni
Satz Buch-Werkstatt GmbH, Bad Aibling
Druck und Bindung CPI books GmbH, Leck
ISBN 978-3-462-05361-6

„Ein gutes Hörbuch!“

Sophie Passmann